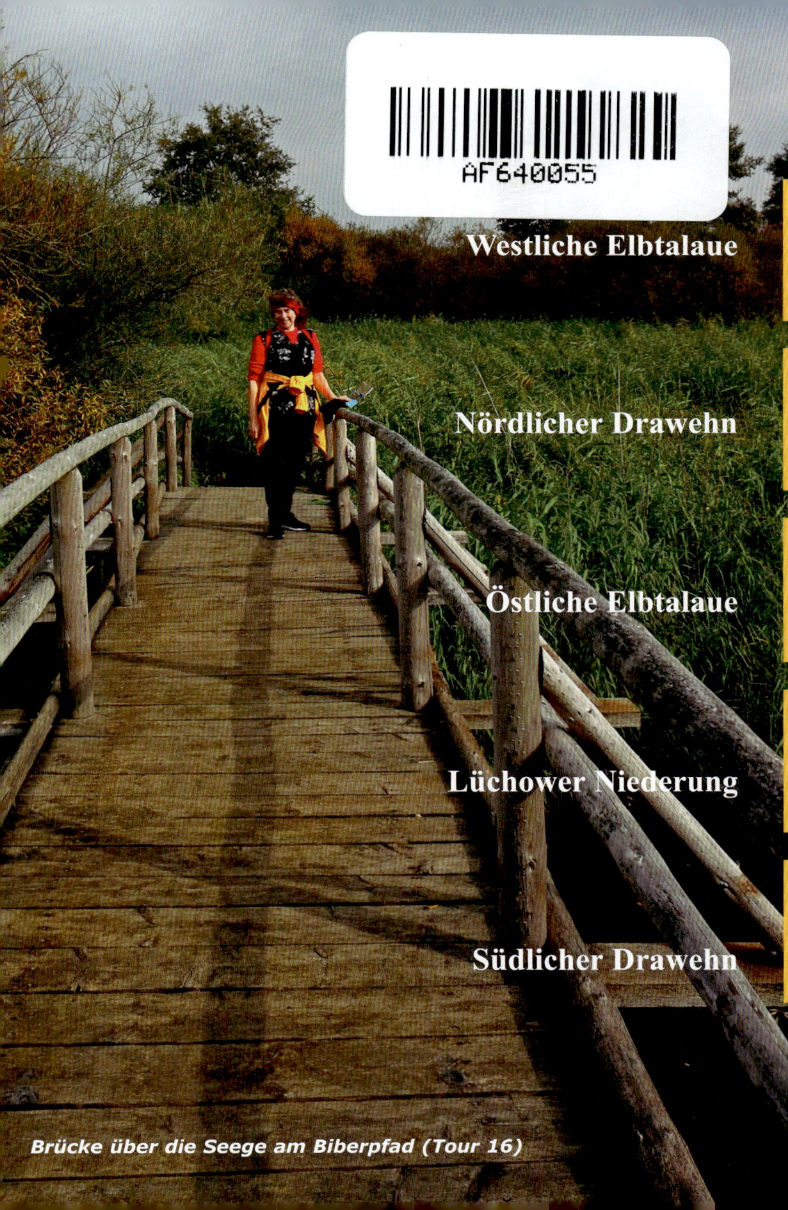

Westliche Elbtalaue

Nördlicher Drawehn

Östliche Elbtalaue

Lüchower Niederung

Südlicher Drawehn

Brücke über die Seege am Biberpfad (Tour 16)

Wendland

Der Autor und der Verlag sind für Lesertipps und Verbesserungen (besonders per E-Mail) unter Angabe der Auflagen- und Seitennummer dankbar.

Dieses OutdoorHandbuch hat 160 Seiten mit 81 farbigen Abbildungen, 25 farbigen Kartenskizzen im Maßstab 1:25.000/1:50.000 sowie 8 farbigen Höhenprofilen und einer farbigen, ausklappbaren Übersichtskarte. Es wurde auf chlorfrei gebleichtem, FSC®-zertifiziertem Papier gedruckt, in Deutschland klimaneutral hergestellt und transportiert und wegen der größeren Strapazierfähigkeit mit PUR-Kleber gebunden.

FSC
www.fsc.org
MIX
Papier aus verantwortungsvollen Quellen
FSC® C009051

Klimaneutral
Druckprodukt
ClimatePartner.com/10951-2201-1003

Dieses Buch ist im Buchhandel und in Outdoor-Läden erhältlich und kann im Internet oder direkt beim Verlag bestellt werden.

OutdoorHandbuch, Band 357

ISBN 978-3-86686-760-4 2., überarbeitete Auflage 2022

Text und Fotos: Hartmut Engel
Karten: Heide Schwinn
Lektorat und Layout: Ricarda Kuschma

Gesamtherstellung: gutenberg beuys feindruckerei

Dieses OutdoorHandbuch wurde konzipiert und redaktionell erstellt vom:

Conrad Stein Verlag GmbH, Kiefernstr. 6,
59514 Welver, ☏ 023 84/96 39 12,
info@conrad-stein-verlag.de,
www.conrad-stein-verlag.de

Besuchen Sie uns bei Facebook & Instagram:

www.facebook.com/outdoorverlag

www.instagram.com/outdoorverlag

Titelfoto: In der Elbmarsch bei Gorleben

Inhalt

☺ Eine **Übersichtskarte** des Weges, **Autorenprofil** sowie eine Liste aller verwendeten **Symbole** in diesem Buch finden Sie auf den vorderen und hinteren Umschlagseiten bzw. -klappen.

Einleitung

Das Wendland, vielen nur im Zusammenhang mit dem Atommüllzwischenlager in Gorleben ein Begriff, ist eine einzigartige, besonders vielfältige Natur- und Kulturlandschaft, die keinen Vergleich mit anderen herausragenden Landschaften Deutschlands scheuen muss. Im Grenzbereich zwischen atlantischem und kontinentalem Klima gelegen bietet die Natur Faunen- und Florenelemente aus beiden klimatischen Bereichen. Auch siedlungsgeschichtlich war die Region eine Übergangszone, bildete doch die Elbe im Mittelalter die Grenze zwischen Franken und Slawen. Vermutlich um 700 drangen die Polaben, ein slawischer Stamm mit eigener Sprache, in das Gebiet ein. Bis ins 18. Jahrhundert sind sie im Wendland nachweisbar, dann verschmolzen sie mit den Niedersachsen und die polabische Sprache starb aus. Noch heute zeugen viele Ortsnamen slawischen Ursprungs, wie z. B. Lüchow, Lübeln, Gartow oder Jabel, von einer Besiedelung durch Menschen östlich der Elbe. Auch der Name Wendland geht auf die Slawen zurück, die im gesamten deutschen Sprachraum als Wenden bezeichnet wurden. Slawischen Ursprungs sind möglicherweise auch die Rundlingsdörfer, die es nur in einem schmalen Streifen zwischen Ostsee und Erzgebirge gibt.

Geprägt wird die Region durch zwei Landschaftselemente, die sich während verschiedener Eiszeiten herausgebildet haben. Während der Saale-Kaltzeit (etwa von 300.000 bis 130.000 Jahre vor unserer Zeitrechnung), als Gletscher aus Skandinavien bis weit nach Mitteleuropa vordrangen, brachten diese riesige Mengen an Sand, Kies, Geröll und tonnenschweren Findlingen nach Süden und lagerten sie hier ab. Aus diesen Ablagerungen bildete sich nach dem Abschmelzen der Gletscher der Drawehn, ein 40 km langer Höhenzug, der sich von der Elbe bei Neu Darchau nach Süden bis zur Dummeniederung erstreckt und mit dem 142 m hohen Hohen Mechtin den höchsten Punkt des Wendlands markiert.

Das zweite prägende Landschaftselement wird vom Urstromtal der Elbe gebildet, das sich zwischen der Stadt Genthin in Sachsen-Anhalt und Cuxhaven an der Nordsee auf einer Länge von 300 km erstreckt. Es ist auch eiszeitlichen Ursprungs, aber viel jünger als der Drawehn. Das Urstromtal entstand am Ende der Weichsel-Eiszeit vor etwa 20.000 bis 15.000 Jahren, als die Gletscher abschmolzen und große Mengen Schmelzwasser Richtung Nordsee flossen. Noch heute ist der Verlauf des eiszeitlichen Urstroms an vielen Stellen entlang der Elbe gut zu erkennen, so z. B. an den Geesthängen des Drawehn zwischen Hitzacker und Neu Darchau oder am Höhbeck, die an der Elbe bis zu 70 m steil abfallen.

Sowohl das Urstromtal der Elbe als auch der Höhenzug des Drawehn genießen heute einen besonderen Schutz. Den gesamten niedersächsischen Bereich der Elbe umfasst das Biosphärenreservat Niedersächsische Elbtalaue, das sich von Schnackenburg bis Lauenburg erstreckt. In diesem Gebiet brüten fast 150 verschiedene Vogelarten, darunter so spektakuläre wie Weiß- und Schwarzstorch, Kranich und Seeadler. Auch der Europäische Biber ist in der Region wieder heimisch geworden und mehr als 40 Fischarten besiedeln die Gewässer entlang der Elbe. Auch für Botanikerinnen und Botaniker ist die Region von besonderem Interesse, wachsen hier doch mehr als 1.300 Pflanzenarten, davon etwa 400, die in ihrem Bestand gefährdet sind.

Der Drawehn gehört zu dem knapp 1.200 km^2 großen Naturpark Elbhöhen-Wendland, einer abwechslungsreichen Natur- und Kulturlandschaft, die auf 550 km gut markierten Wanderwegen erschlossen werden kann.

Ausführliche Informationen zum Biosphärenreservat Niedersächsische Elbtalaue bzw. zum Naturpark Elbhöhen-Wendland erhalten Sie im Internet unter www.elbtalaue.niedersachsen.de und www.naturparke.de/naturparke/naturparke-finden/naturpark/elbhoehen-wendland/detail/beschreibung.

Auf beiden Seiten finden Sie neben Wissenswertem zu Natur und Landschaft sowie Geschichte und Kultur auch Informationen zu Veranstaltungen, wie z. B. geführte naturkundliche Wanderungen.

Als ich vor nun schon mehr als 35 Jahren während eines zoologischen Praktikums das erste Mal ins Wendland kam, war ich von der vielfältigen Natur und Landschaft sofort begeistert. Damals konnte ich noch nicht wissen, dass ich von nun an immer wieder mit gewisser Regelmäßigkeit in die Region reisen würde: privat zum Wandern oder Radfahren oder nur mal für einen Kurztrip an einem Wochenende und beruflich als Biologe zum Kartieren von Flora und Fauna oder um Gutachten anzufertigen. Damals war

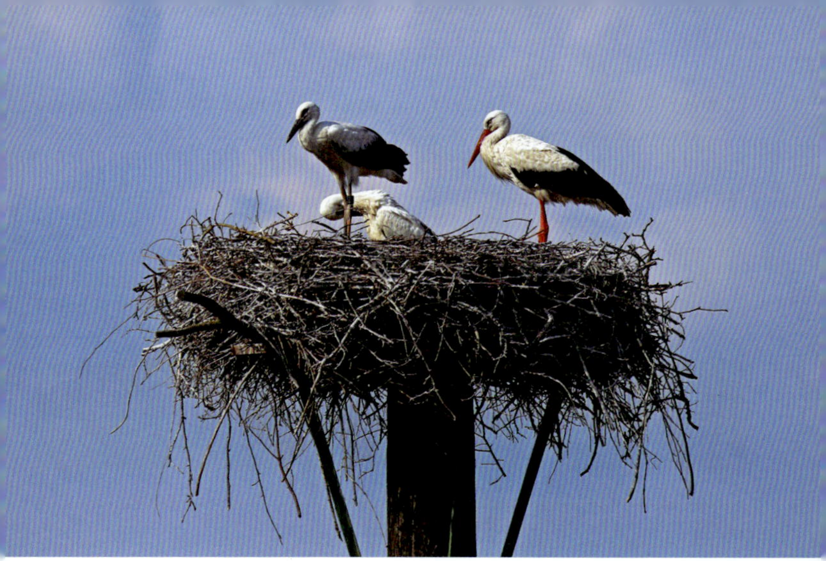

Weißstörche zählen zu den auffälligsten Vögeln in der Elbmarsch

das Wendland eine abgelegene, vom Rest der Welt abgeschnittene Region, von drei Seiten von der ehemaligen DDR eingerahmt, mit einzigartiger, teilweise unberührter Natur und einem reichen kulturellen Schatz. Und nur wenige Menschen interessierten sich für diese dünn besiedelte Landschaft. Das ist heute anders. Das Wendland ist wieder von allen Seiten zugänglich und inzwischen zu einer beliebten Ferienregion mit einer Fülle von touristischen Angeboten geworden, die für jeden Geschmack und Geldbeutel etwas zu bieten hat. Aber von ihrem Reiz hat die faszinierende Natur und Landschaft nichts verloren.

Deshalb musste ich auch nicht lange überlegen, als mir der Verlag anbot, ein Wanderbuch über das Wendland zu schreiben, dessen 2. Auflage hier nun vorliegt. Ausführlich werden 25 Touren beschrieben, die ausschließlich als Rundwege angelegt sind. Die Wanderungen vermitteln ein gutes Bild von der landschaftlichen und kulturellen Vielfalt der Region. Das Spektrum reicht von kurzen, nur wenige Kilometer langen Spaziergängen bis zu 20 km langen Tageswanderungen, wobei der Schwerpunkt auf Touren zwischen 5 und gut 10 km liegt. Insgesamt können Sie mithilfe des Buches das Wendland auf mehr als 200 km erkunden.

Die meisten Touren führen durch den Naturpark Elbhöhen-Wendland und durch das Biosphärenreservat Niedersächsische Elbtalaue. Sie verlaufen durch ausgedehnte Waldgebiete, durch Marschen und Flussniederungen, durch die offene Feldmark, zu den einzigartigen Rundlingsdörfern und sparen auch die größeren, touristisch geprägten Orte wie z. B. Hitzacker, Bleckede oder Gartow nicht aus.

Ich wünsche Ihnen viel Spaß bei Ihren Wanderungen im Wendland und hoffe, dass Ihnen der Führer ein verlässlicher Begleiter sein wird.

Reise-Infos

Anreise

Mit dem Pkw ist die Wanderregion gut erreichbar. Es gibt zwar keine Autobahn, dafür aber mehrere größtenteils gut ausgebaute Bundesstraßen.

Von Westen kommend fahren Sie das Gebiet über Lüneburg (B216) oder Uelzen (B71, B191, B493) an. Im Süden erreichen Sie das Wendland über Salzwedel (B71, B248). Von nördlich der Elbe gelangen Sie über die Dömitzer Brücke (B191) oder mit einer der vier Autofähren (Bleckede – Neu Bleckede, Neu Darchau – Darchau, Pevestorf – Lenzen, Schnackenburg – Lütkenwisch) in die Region. Von Osten kommend nutzen Sie die B195 und überqueren dann die Elbe mit einer der oben genannten Autofähren oder nutzen die Dömitzer Brücke.

☞ Halten Sie sich an die Geschwindigkeitsbegrenzungen. An zahlreichen Straßen stehen, manchmal sehr gut versteckt, Radarfallen.

Mit der Bahn kommen Sie von Lüneburg über Dahlenburg nach Dannenberg und Hitzacker. Seit 2015 gehört diese Strecke zur Tarifgemeinschaft des Hamburger Verkehrsverbundes HVV. Fahrplanauskunft und Preise erhalten Sie im Internet unter 💻 www.hvv.de, 💻 www.erixx.de oder 💻 www.bahn.de.

Unterkünfte

Das Wendland ist touristisch gut erschlossen, es mangelt nicht an Unterkunftsmöglichkeiten. Dennoch sollten Sie, besonders in den kleineren Orten, bereits vor Ihrem Ausflug eine Unterkunft buchen. Dies gilt vor allem im Juli und August und während größerer Veranstaltungen wie z. B. der Kulturellen Landpartie (☞ unten).

Wer bei den Unterkünften Wert auf eine größere Auswahl legt, sollte sich in Hitzacker, Bleckede, Gartow oder Lüchow umschauen. Diese Orte bieten Möglichkeiten in verschiedenen Preisklassen. Von ihnen sind die Ausgangspunkte mehrerer Wanderungen in kurzer Zeit mit dem Pkw erreichbar.

Das Hotel Nigel in Bergen an der Dumme

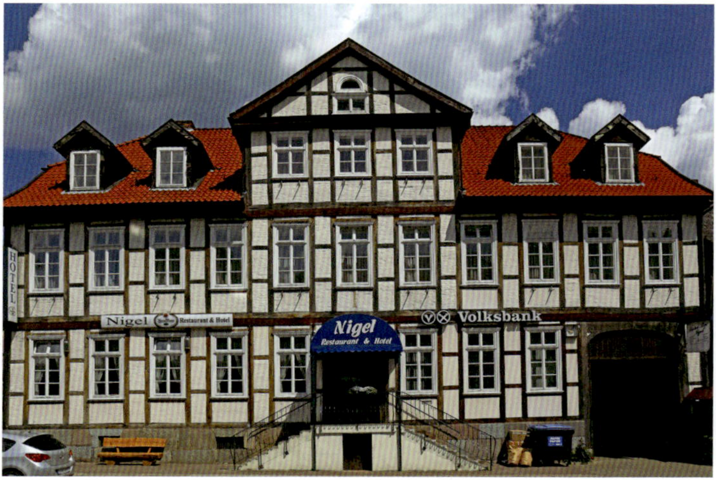

Wer gern in historischem Ambiente übernachtet, dem seien die Hotels in den alten, gepflegten Fachwerkhäusern in den Rundlingen Satemin und Lübeln empfohlen.

Bei der Planung und Buchung helfen Ihnen die lokalen Tourismusbüros sowie die Tourismusorganisation Wendland.Elbe.

🛈 Wendland.Elbe, ✉ info@wendland-elbe.de, 💻 www.wendland-elbe.de

♦ Die Anschriften der lokalen Touristen-Informationen finden Sie in den jeweiligen Ortsbeschreibungen.

Verkehrsmittel

Der öffentliche Personennahverkehr wird im Wendland von mehreren Busunternehmen betrieben, die sich in der Verkehrsgemeinschaft Nordost-Niedersachsen (VNN) zu einem Verbund zusammengeschlossen haben. Obwohl das Wendland eine sehr dünn besiedelte Landschaft ist, werden Sie in nahezu jedem auch noch so kleinen Dorf eine Bushaltestelle finden. So weit, so gut. Aber ein Blick auf die Fahrpläne zeigt, dass manche Linien nur ein- oder zweimal am Tag verkehren, manche an Wochenenden gar nicht und viele andere nur während der Schulzeiten.

Zahlreiche Fahrten verschiedener Linien werden nur als Rufbusfahrten durchgeführt, d. h., dass die gewünschte Fahrt telefonisch im Voraus (☏ 058 41/97 73 77) angemeldet werden muss.

Um nicht Anlass zu der Hoffnung zu geben, Sie könnten tatsächlich jederzeit mit dem Bus an- und abfahren, habe ich auf eine Kennzeichnung bzw. Nennung von 🚌 Bushaltestellen an den Wanderstrecken verzichtet.

Aktuelle Informationen zu Fahrplänen, Ticketpreisen, Sonderangeboten und den Rufbussen erhalten Sie auf den Internetseiten des VNN unter dem Menüpunkt „Lüchow/Dannenberg“. Dort können Sie sich auch einen Liniennetzplan und Haltestellenverzeichnisse herunterladen.

💻 https://vnn.de

🚗 Taxis finden Sie u. a. in:

- Clenze/Bösen, ☏ 058 44/661
- Dannenberg, ☏ 058 61/20 48
- Hitzacker, ☏ 058 62/99 99 und 77 77
- Lüchow, ☏ 058 41/44 44

Reisezeit

Wandern ist im Wendland grundsätzlich zu jeder Jahreszeit möglich. Die Region liegt am Rand der warmgemäßigten atlantischen Klimazone, aller-

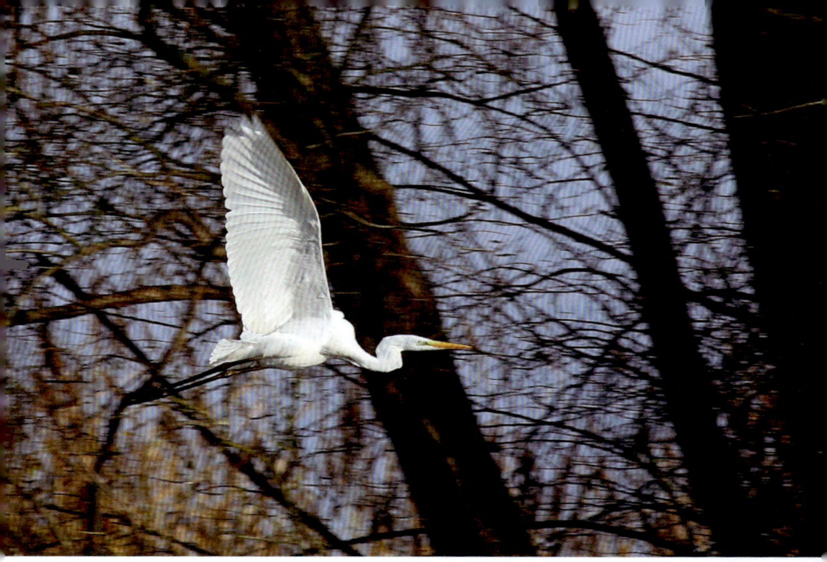

Inzwischen überwintern auch Silberreiher in der Elbtalaue

dings schon mit deutlichen kontinentalen Einflüssen, was dafür sorgt, dass die Niederschlagsmengen gering und die Regentage überschaubar sind. So fallen in Lüchow im Mittel knapp 700 mm Regen im Jahr, etwa so viel wie in Berlin. Hamburg und München haben dagegen deutlich höhere Werte. Mit nur 107 Regentagen im Jahr liegt das Wendland auch im unteren Bereich. Berlin weist auch hier ähnliche Werte auf, während Hamburg und München deutlich darüber liegen.

Wanderkarten und GPS

Viele der im Buch vorgestellten Wanderungen sind gut markiert und mithilfe der Beschreibungen und Karten im Buch fällt die Orientierung nicht schwer und man kann sich eigentlich nicht verlaufen. Wer ein GPS-Gerät oder entsprechendes Mobiltelefon hat, kann sich auch die GPS-Tracks inklusive der Wegpunkte der Wanderungen von der Verlagsseite herunterladen (☞ unten). Wer darüber hinaus noch Karten mitnehmen möchte, kann auf Folgende zurückgreifen:

- ▷ Empfehlenswert ist die reiß- und wetterfeste Karte Nr. 862 Biosphärenregion Elbtalaue-Wendland aus dem Kompass Verlag.
- ▷ Wer vornehmlich in der Elbtalaue zwischen Bleckede und Hitzacker unterwegs ist, dem sei die ebenfalls reiß- und wetterfeste Rad- und Wanderkarte Elbtalaue aus dem Verlag Publicpress empfohlen.
- ▷ Gut brauchbar sind auch mehrere von Wendland.Elbe herausgegebene Wanderkarten, die kostenlos in den Touristenbüros abgegeben werden und auch im Internet bestellt werden können.
- ▷ Empfehlenswert ist auch die Dr.Barthel-Karte 245 Wendland.Elbe (Hitzacker, Dömitz, Lüchow, Dannenberg und Umgebung; 1:50.000).
- ▷ Ansonsten sind die topografischen Karten des Landesamts für Geoinformation und Landesvermessung Niedersachsen im Maßstab 1:50.000 gut geeignet, die Sie entweder im Onlineshop (💻 www.lgln.niedersachsen.de) oder im Buchhandel kaufen können.

☺ Die Kartenempfehlungen wurden von der Geobuchhandlung Kiel überprüft. 💻 www.geobuchhandlung.de

☺ Viele der in diesem Führer beschriebenen Wanderwege laufen durch mehr oder weniger flaches Gelände ohne nennenswerte Höhenunterschiede. In diesen Fällen wurde auf die Darstellung eines Höhenprofils im Buch verzichtet.

Die GPS-Tracks zu den beschriebenen Wegen können Sie auf der Internetseite des Verlags (💻 www.conrad-stein-verlag.de) herunterladen.

📖 **GPS** *Grundlagen · Tourenplanung · Navigation* von Michael Hennemann, Conrad Stein Verlag, Basiswissen für draußen, ISBN 978-3-86686-495-5, € 9,90

Wanderinfrastruktur

Das Wendland bietet den Wanderinnen und Wanderern eine Fülle von ausgezeichneten Wanderwegen, die zum größten Teil gut ausgebaut und markiert sind und ständig gepflegt werden. Sie bieten keine technischen Schwierigkeiten, Trittsicherheit und Schwindelfreiheit sind nicht erforder-

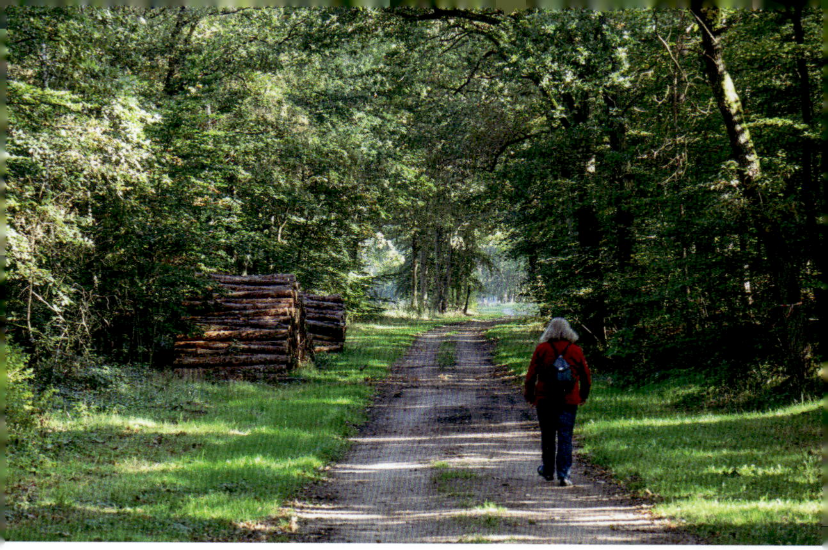

Im Süden der Großen Marsch führt der Wanderweg durch schönen Mischwald (Tour 2)

lich. Auch die An- und Abstiege halten sich in Grenzen und einige Touren verlaufen gänzlich ohne Steigungen.

Die im Buch vorgestellten Touren verlaufen weitgehend auf Pfaden, Forst- und Wirtschaftswegen sowie auf Deichen und nur zu einem äußerst geringen Teil entlang von Straßen mit Kfz-Verkehr.

Wandern mit Hund

Die meisten Wanderungen verlaufen durch Gebiete, in denen Hunde das ganze Jahr über an der kurzen Leine geführt werden müssen, das gilt u. a. für alle Naturschutzgebiete. Aber auch in der freien Landschaft, wo sie eigentlich frei laufen könnten, besteht während der Brut- und Setzzeit vom 1. April bis zum 15. Juli Leinenpflicht. Zuwiderhandlungen können mit Geldbußen bis zu € 5.000 geahndet werden. Darüber hinaus ist es Jägern erlaubt, alle Hunde zu erschießen, die sich außerhalb der Einwirkungsmöglichkeiten der Halterin oder des Halters befinden.

Wandern mit Kind und Buggy

Die meisten der im Buch vorgestellten Wanderungen stellen Kinder vor keine größeren Probleme. In vielen Fällen gibt es an Start und Ziel oder unterwegs interessante Möglichkeiten für die Kleinen, die die Tour für sie zu einem Erlebnis werden lassen. Allerdings könnten einige Wanderungen für manche zu lang sein. Inwieweit Ihre Kinder auch an längeren Touren Gefallen finden, müssen Sie selbst abschätzen. Hinweise zur Tourentauglichkeit für die Kleinen finden Sie in den Tourenbeschreibungen.

Dort finden Sie auch Angaben, ob und wie die Strecke mit einem Buggy zu bewältigen ist.

Kulturelle Landpartie

Im Wendland ist das ganze Jahr über viel los. Zahlreiche Veranstaltungen wie Konzerte, Ausstellungen, Lesungen, Märkte usw. locken Besucherinnen und Besucher, die teilweise von weither dafür anreisen. Weit über die Grenzen der Region hinaus bekannt ist die Kulturelle Landpartie. Jedes Jahr zwischen Himmelfahrt und Pfingsten ist das ganze Wendland eine Bühne für Kunst und Kunsthandwerk. Gärten, Wiesen und Plätze, Scheunen, Dielen und Wohnstuben werden zu Ausstellungsräumen. Dazu gibt es vielerorts Livemusik. Für das leibliche Wohl sorgen u. a. Biobäuerinnen und Biobauern, die zu rustikalem Frühstück einladen.

ℹ Informationen und ein detailliertes Programm erhalten Sie im Internet unter 💻 www.kulturelle-landpartie.de.

Updates

Der Conrad Stein Verlag veröffentlicht Updates zu diesem Buch, die direkt vom Autor oder von Leserinnen und Lesern dieses Buches stammen. Sie finden diese auf der Verlagshomepage 💻 www.conrad-stein-verlag.de. Der links abgebildete QR-Code führt Sie direkt dorthin.

Westliche Elbtalaue

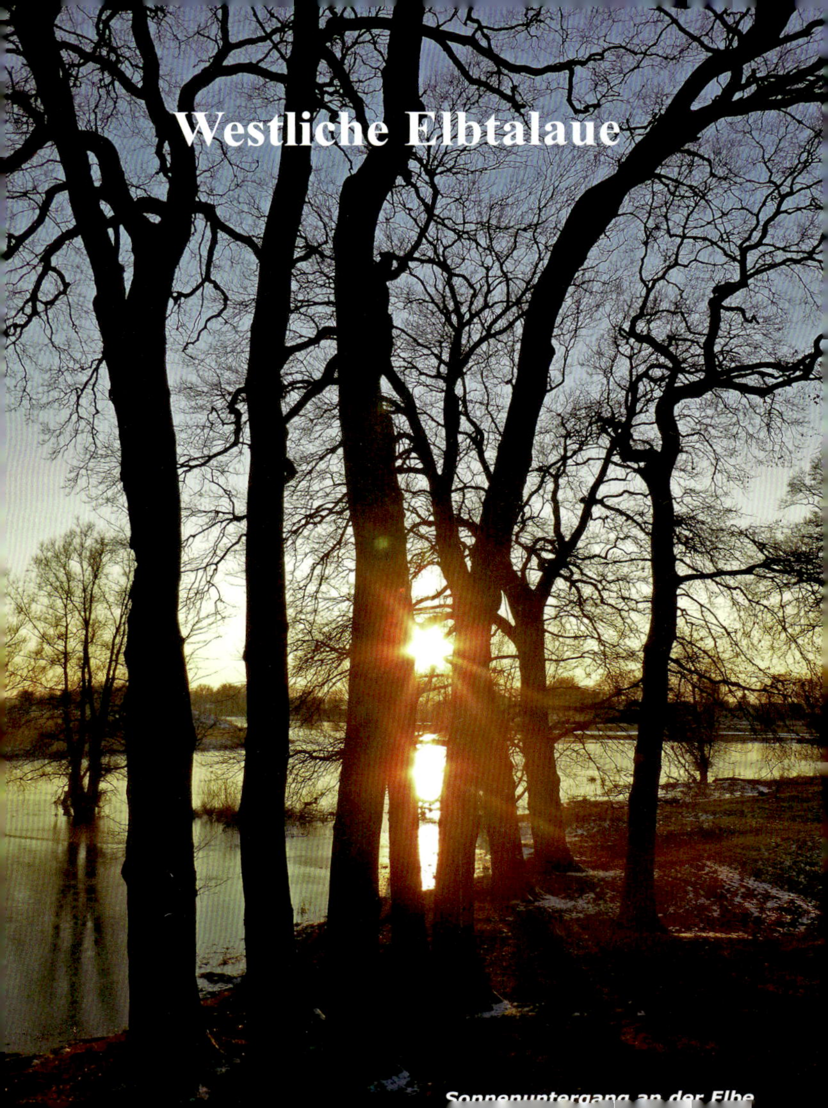

Sonnenuntergang an der Elbe

❶ Bleckede: Rundweg durch die Elbtalaue

Tour für naturverbundene Vogelliebhaberinnen und Vogelliebhaber

Die einfache Rundtour durch die Auenlandschaft der Elbe, die von alten Elbarmen, Haken und Bracks geprägt ist, ist vor allem für Naturbegeisterte interessant und das nicht nur in der warmen Jahreszeit. So können hier im Winter u. a. verschiedene Gänsearten, Schwäne und Enten beobachtet werden. Kormorane, Grau- und Silberreiher sind nicht selten und Gänsen- und Zwergsägern kann man bei der Fischjagd zusehen. Es bestehen auch sehr gute Chancen, einen Seeadler zu sehen, der in der Nähe seinen Horst hat. Besonderes Interesse verdient der Altarm Alte Elbe, auf dem verschiedene Entenarten beobachtet werden können. Und natürlich der Vitico genannte Hartholz-Auwald mit seinen imposanten, riesigen Eichen. Hier lebt die größte Graureiherkolonie der Region und Roter Milan und Nachtigall brüten im Wald. An der Schäferei Heisterbusch können Sie im Frühjahr und Frühsommer Störche auf ihrem Horst beobachten. Die zahlreichen Weidengebüsche und markanten Einzelbäume, die sich schön im Wasser spiegeln, bieten gute Fotomotive.

Abschließender Höhepunkt ist der Besuch des Biosphaerium Elbtalaue im Bleckeder Schloss mit dem interessanten Informationszentrum.

☺ *Der größte Teil der Wanderung verläuft im Biosphärenreservat Elbtalaue, in dem Sie auf den Wegen bleiben müssen. Allerdings sind zwei Erholungsbereiche am Elbufer (direkt am Beginn der Tour und bei Heisterbusch) ausgewiesen, wo Sie die Wege verlassen dürfen. Informationstafeln vor Ort weisen darauf hin.*

↻ Start/Ziel: P Parkplatz am Schützenweg östlich vom Schlosspark, GPS N 53°17.731' E 010°43.909'

➲ 11,4 km

⌛ 3 Std.

↑↓ auf der gesamten Strecke keine nennenswerten Steigungen

⇧ 10 m

✎ keine Markierung

Die Tour verläuft nahezu ausschließlich auf Wirtschaftswegen und der Deichkrone, teils befestigt, teils unbefestigt.

zahlreiche Einkehrmöglichkeiten in Bleckede, SchlossCafé Bleckede (km 11)

einige Bänke entlang des Weges, schöner Rastplatz zu Beginn des Weges an einem Gewässer (km 0,3)

WC im Schloss (km 11)

Einkaufsmöglichkeiten finden Sie etwa 100 m vom Schloss entfernt in der Stadt.

Die Tour ist wegen der spannenden Ausstellung im Biosphaerium mit der Möglichkeit, lebende Fische in Aquarien zu sehen und Biber in ihrer Höhle zu beobachten, auch für Familien mit Kindern gut geeignet. Darüber hinaus gibt es dort einen Spielplatz. In zwei Erholungsbereichen dürfen Sie die Wege verlassen und sich am Elbufer aufhalten.

Der Rundweg ist durchgängig gut mit Buggys befahrbar.

Hunde sind den größten Teil des Weges an der kurzen Leine zu führen.

P Sie fahren auf der Elbstraße (Verlängerung der L221) Richtung Hafen/Fähranleger und biegen unmittelbar vor dem Deich links auf den Schützenweg, der direkt zum geräumigen Parkplatz am Schützenplatz führt. Hier finden Sie auch einen Wohnmobilstellplatz.

Linie 5100 Lüneburg – Bleckede, 5101 Bleckede – Neu Darchau, 5103 und 5335 Bleckede – Dahlenburg, 5131 Bleckede – Neu Darchau

Rastplatz am Anfang des Wanderweges

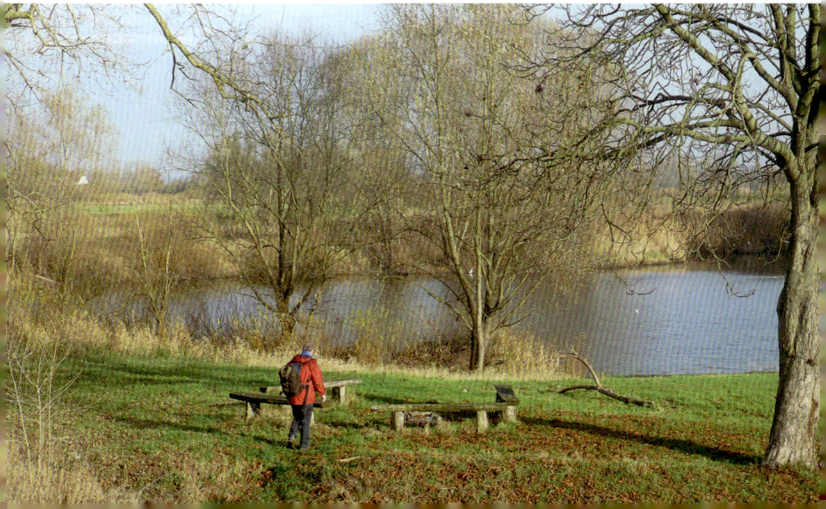

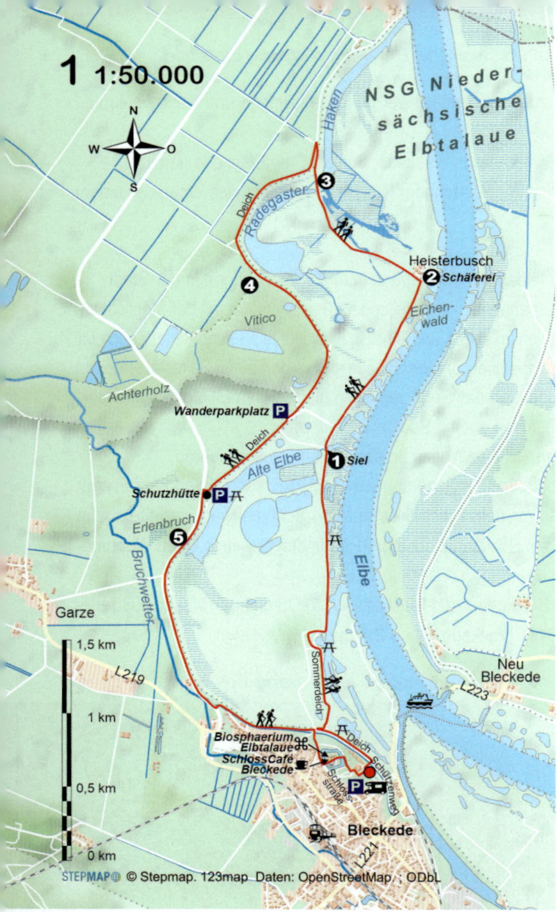

Vom Parkplatz aus gehen Sie Richtung Elbdeich und dort die Stufen hinauf auf den Deich. Oben angelangt wenden Sie sich nach links. Etwa 300 m weiter erreichen Sie eine Bank mit schönem Blick auf die Elbe und das Elbvorland. Unterhalb des Deiches liegt am Rand eines Gewässers ein schöner Rastplatz mit Bänken und Tisch.

Sie wandern weiter auf dem Deich, bis nach etwa 100 m rechts der niedrige Sommerdeich abzweigt, auf den Sie zuhalten. Der Wanderweg führt nun auf einem unbefestigten Weg am Sommerdeich entlang. Gut 500 m weiter erreichen Sie die nächste Möglichkeit für eine Pause: eine Bank mit schönem Blick auf einen Seitenarm der Elbe. Nach weiteren 600 m gelangen Sie an ein Siel ❶. Nach links geht die Alte Elbe ab, ein Altarm, der heute eine Sackgasse ist. Nur knapp 200 m weiter stoßen Sie an einer großen Eiche an einen breiten Schotterfahrweg, der nach links zum Elbdeich führt.

Sie gehen hier weiter geradeaus. Voraus ist bereits die Schäferei Heisterbusch zu sehen. Kurz vor der Schäferei passieren Sie einen schönen, lichten Eichenwald mit mächtigen alten Eichen. Knapp 300 m weiter gelangen Sie an die auf einer Warft stehende Schäferei ❷.

Warften sind künstlich aufgeschüttete Hügel in den Überschwemmungsgebieten der Marschen Norddeutschlands und der Nordsee, meist mit Wohnhäusern und Stallungen. Sie dienen neben den Deichen dem Hochwasserschutz.

Vor der Warft schwenken Sie links auf den Feldweg ein und wandern über Wiesen und Weiden auf den Elbdeich zu, den Sie gleich hinter dem Radegaster Haken ❸, einem Altarm der Elbe, erreichen. Auf dem Deich wenden Sie sich nach links. Von oben haben Sie nun einen sehr schönen Blick über den alten Elbarm auf die Elbe.

Als Nächstes gelangen Sie an den binnendeichs liegenden Hartholz-Auwald Vitico ❹. Der Deich führt in einem Bogen um den Wald herum. Hinter dem Wald passieren Sie einen Wanderparkplatz und wandern, jetzt auf der anderen Seite, wieder an der Alten Elbe vorbei.

Bald stößt von rechts die Elbuferstraße an den Deich. Hier finden Sie einen Parkplatz mit Informationstafeln und eine Schutzhütte. Sie wandern weiter auf dem Deich und passieren nach etwa 500 m am Ende der Alten Elbe einen rechts liegenden Erlenbruch ❺. Knapp 2 km weiter gelangen Sie kurz vor dem vom Hinweg bekannten Sommerdeich an eine asphaltierte Kreuzung. Hier gehen Sie rechts in die Schlossstraße. Nach weiteren 250 m zweigen Sie links in den Schlosspark zum Schloss Bleckede ab, in dem heute das Biosphaerium Elbtalaue und das Schlosscafé untergebracht sind.

Innenhof vom Bleckeder Schloss

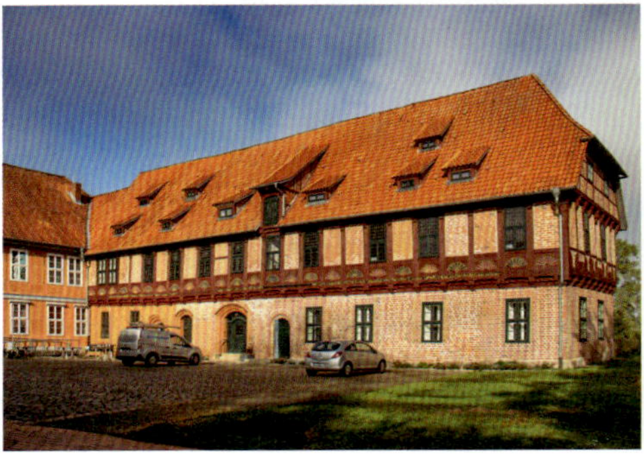

Das Schloss Bleckede wurde um 1270 als Wasserburg erbaut. Aus dieser Zeit sind

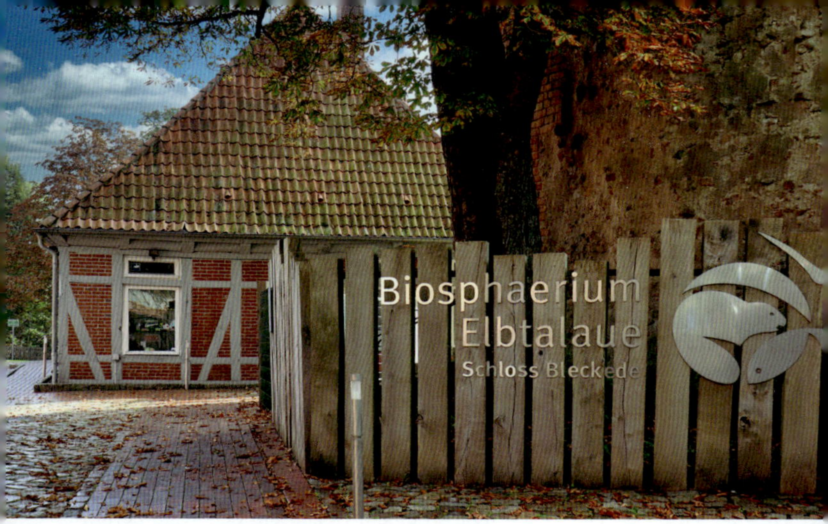

Eingang zum Biosphaerium Elbtalaue

heute noch der Turm und die Gräben weitgehend erhalten geblieben. Nach zahlreichen unterschiedlichen Nutzungen und aufwendiger Restaurierung wurde 2002 im Schloss das Informationszentrum für das Biosphärenreservat Niedersächsische Elbtalaue eröffnet, das unbedingt einen Besuch wert ist. Auf 1.000 m² wird die Natur und Landschaft der Region in einer interessanten Ausstellung präsentiert, in zahlreichen Aquarien lernen Sie die heimischen Fische kennen, können Biber in ihrer Höhle beobachten und von einem Aussichtsturm den Blick über die Landschaft genießen.

⌘ Biosphaerium Elbtalaue, Schloss Bleckede, Schlossstr. 10, 21354 Bleckede, ☏ 058 52/95 14 14, info@biosphaerium.de, www.biosphaerium.de, April bis Oktober täglich 10:00-18:00, November bis März Mi bis So 10:00-17:00. Hier finden Sie auch die Touristen-Information.

SchlossCafé Bleckede, Schloss Bleckede, Schlossstr. 10, 21354 Bleckede, ☏ 058 52/95 14 37, schloss.cafe@web.de, www.schlosscafe-bleckede.de, Do-So 12:00-18:00

Sie verlassen den Schlosspark auf der gegenüberliegenden Seite, überqueren auf einer Holzbrücke den Schlossgraben und gehen dahinter rechts, wo Sie nach kurzem Weg wieder zu Ihrem Ausgangspunkt am Parkplatz gelangen.

❷ Bleckede: Große Marsch bei Alt Wendischthun

Tour für Naturbegeisterte

Die leichte Rundtour ist vor allem für Naturliebhaberinnen und Naturliebhaber von Interesse. Im ersten Teil führt sie durch die Große Elbmarsch mit der Möglichkeit, das ganze Jahr über zahlreiche Wiesen- und Wasservogelarten zu beobachten. Im zweiten Teil verläuft sie durch einen großen Forst, der auf ehemaligen Sanddünen wächst.

Start/Ziel: Abzweigung des Elbwegs von der Wendischthuner Straße (K22), GPS N 53°17.079' E 010°45.100'

8,6 km

2 Std. 15 Min.

auf der ganzen Strecke nur unwesentliche An- und Abstiege

10 m

stellenweise blau-weiß-blaues waagerechtes Rechteck, auf einem Abschnitt ein „X" für den E6

Die Strecke verläuft zum größten Teil auf unbefestigten Feld- und Waldwegen, im ersten Teil entlang einer schmalen Asphaltstraße, auf der so gut wie kein Autoverkehr herrscht.

keine Einkehrmöglichkeit direkt am Weg, zahlreiche Möglichkeiten im nahe gelegenen Bleckede

keine Rastplätze

Die Tour an sich bietet für Kinder nichts Besonderes, ist aber unter Einbeziehung einer Draisinenfahrt auch für Familien zu empfehlen.

Die gesamte Tour ist für Buggys gut geeignet.

Hunde sind auf dem größten Teil des Weges an der kurzen Leine zu führen.

Einen ausgewiesenen Parkplatz gibt es an Start und Ziel nicht. Es sind aber zahlreiche Parkmöglichkeiten auf dem Grünstreifen der Straße Elbweg vorhanden.

Linie 5100 Lüneburg – Bleckede, 5101 Bleckede – Neu Darchau, 5103 und 5335 Bleckede – Dahlenburg, 5131 Bleckede – Neu Darchau

Etwa 1,5 km abseits vom Weg finden Sie den Draisinenbahnhof Alt Garge. Von dort können Sie auf den Gleisen einer ehemaligen Werksbahn eine Tour mit einer Fahrraddraisine unternehmen. Ein Spaß nicht nur für Kinder.

Sie folgen dem Elbweg Richtung Deich, den Sie nach etwa 400 m erreichen. Vom Deich aus haben Sie einen guten Blick auf die Elbauen und können sich einen Überblick über die vor Ihnen liegende Wanderroute verschaffen. Hinter dem Deich folgen Sie der Asphaltstraße durch die Marsch, links rückt die Elbe näher und in den Wiesen und auf den Gewässern tummeln sich zahlreiche Vogelarten.

Die Asphaltstraße endet und geht in einen Schotterweg über, auf dem Sie an eine Kreuzung ❶ gelangen.

↳ An einem Baum finden Sie eine Markierung. Wer nicht gut zu Fuß ist, kann hier rechts gehen und trifft nach etwa 750 m wieder auf die Hauptroute. Die Rundtour wird damit um etwa 2,5 km kürzer.

Alle anderen gehen hier weiter geradeaus auf den Wald zu, wo Sie nach 1,6 km an eine Kreuzung ❷ gelangen.

☺↳ Wer zum Draisinenbahnhof nach Alt Garge will, geht hier halb links weiter. Der Weg endet an der Stipelser Straße, die nach rechts in etwa 1,3 km zum Draisinenbahnhof führt.

Draisinenbahnhof Alt Garge

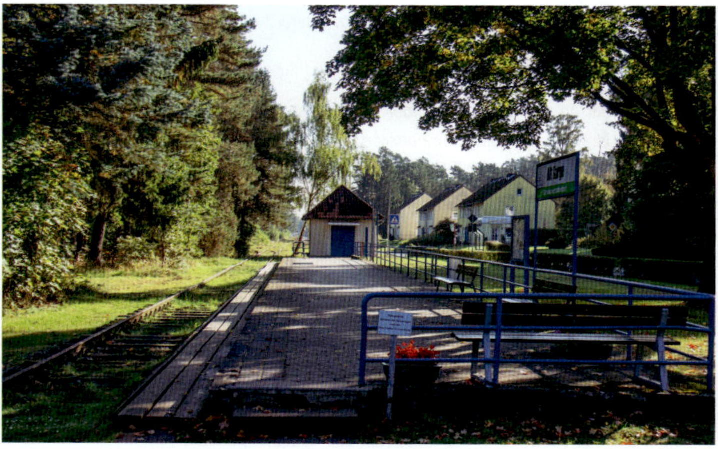

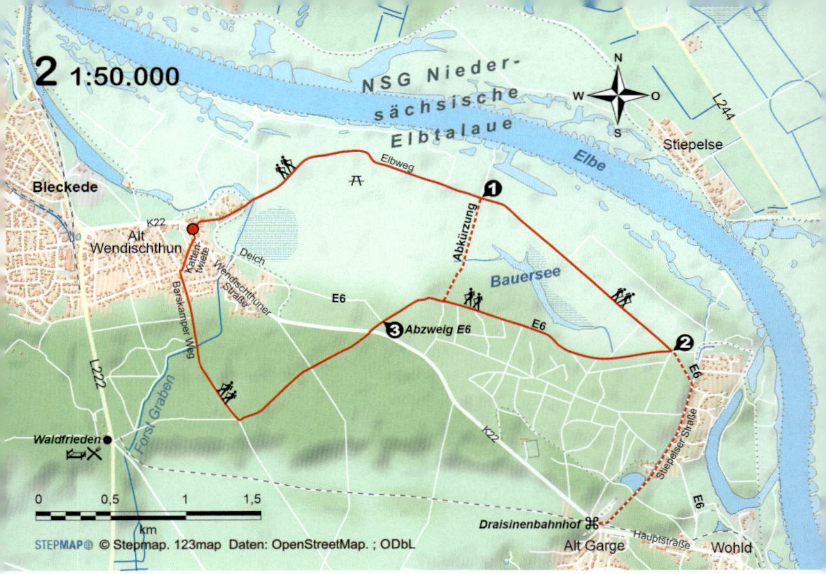

⌘ IG Draisine Bleckede e.V., Bleckeder Landstr./Ecke Stiepelser Str. 2, 21354 Bleckede Alt Garge, 01 76/84 29 57 79, info@ ig-draisine-elbtalaue.de, www.ig-draisine-elbtalaue.de, April bis Oktober Do-So, Abfahrtszeiten jeweils um 10:00, 13:00 und 16:00

Der Wanderweg führt an der Kreuzung scharf rechts auf einem Feldweg am Waldrand entlang weiter – ein schöner, eichenbestandener Weg. Sie folgen den jetzt häufigeren blau-weiß-blauen Markierungen. Zusätzlich ist dieser Abschnitt mit einem weißen „X“ für den Europäischen Fernwanderweg E6 markiert.

Am rechts liegenden Bauersee führt der Weg in den Wald hinein und trifft an einer größeren Abzweigung auf die Abkürzung. Kurz darauf kommen Sie aus dem Wald heraus, rechts liegen landwirtschaftliche Flächen. Sie gehen am Waldrand weiter und gelangen wieder in den Wald. 150 m weiter zweigt der E6 nach rechts ab ❸. Auch auf ihm kommen Sie wieder an Ihren Ausgangspunkt.

Der Wanderweg führt hier aber weiter geradeaus. Knapp 100 m weiter überqueren Sie geradewegs die K22 und folgen dem Forstweg dahinter.

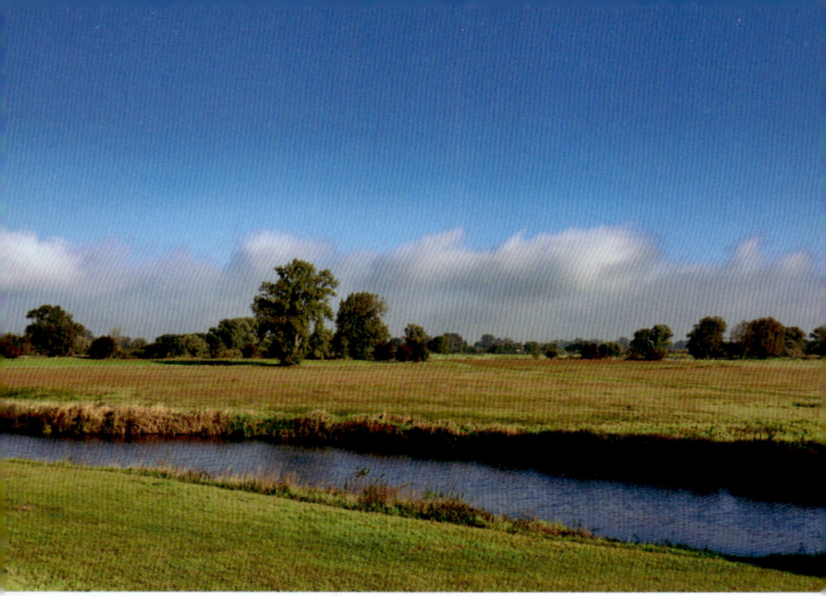

Blick auf die Große Marsch bei Alt Wendischthun

An der ersten Kreuzung nach etwa 500 m gehen Sie geradeaus, 600 m weiter gelangen Sie erneut an eine größere Kreuzung, an der Sie nach rechts gehen.

Etwa 850 m weiter erreichen Sie auf dem Barskamper Weg die ersten Häuser von Bleckede. An der ersten Kreuzung in der Siedlung kurz hinter einer Bushaltestelle mit Wartehäuschen gehen Sie rechts in die Von-der-Schulenburg-Straße, verlassen diese aber schon nach wenigen Metern wieder nach links auf die unbefestigte Kattentwiete, die Sie an die Wendischthuner Straße führt, wo Sie links nach wenigen Metern wieder Ihren Ausgangspunkt erreicht haben.

❸ Walmsburg: Großsteingräber im Schieringer Forst

Tour für Waldfans und historisch Interessierte

Die Rundtour führt durch den Schieringer Forst, der für seine Vielzahl an Großsteingräbern aus der Jungsteinzeit bekannt ist. Die sogenannten Megalithgräber, die aus der Zeit um 2000 v. Chr. stammen, sind die heute noch sichtbaren Zeichen der damaligen Kultur, als die Menschen begannen, sesshaft zu werden und Ackerbau und Viehzucht zu betreiben. Der volkstümliche Name „Hünengrab" geht auf den Glauben zurück, dass Gräber dieses Ausmaßes mit solch mächtigen Findlingen nur für Hünen, also Riesen, gebaut und auch nur von ihnen erbaut werden konnten. Auf der Tour kommen Sie an fünf Grabanlagen vorbei, die zum Teil noch in ihrer ursprünglichen Form erhalten sind und einen guten Eindruck von den riesigen Ausmaßen dieser steinzeitlichen Anlagen vermitteln. Bemerkenswert ist auch der Opferberg genannte markante Hügel, der wahrscheinlich auch eine Grabanlage birgt.

Start/Ziel: Walmsburg Dorfmitte, GPS N 53°14.423' E 010°50.760'

11,4 km

4 Std.

180 m/180 m

15-94 m

weißes Richtungsdreieck auf schwarzem Grund, später auf rotem Grund, zu Beginn ein „X" für den E6

Die Wanderung verläuft über weite Strecken auf Forst- und Wirtschaftswegen ohne nennenswerten Verkehr, der Untergrund ist teils naturbelassen (stellenweise sandig und nach Regenfällen auch morastig), teils asphaltiert oder mit Kopfsteinpflaster befestigt.

Café Hofliebe in Walmsburg in der Nähe von Start und Ziel

Rastmöglichkeiten am Ausgangspunkt, unterwegs sind sie nur spärlich vorhanden, zu Beginn (km 0,5), in Reeßeln (km 9,4) und kurz vor dem Ende (km 10,7) bieten Bänke eine Sitzgelegenheit.

Die Tour bietet für Kinder nichts Außergewöhnliches, es sei denn, sie lassen sich für Großsteingräber begeistern.

Einige Abschnitte im Wald können nach ausgiebigen Regenfällen morastig sein, einen sehr sandigen Wegabschnitt gibt es kurz vor Reeßeln.

Hunde sind auf einigen Abschnitten an der Leine zu führen.

Parkmöglichkeiten in der Dorfmitte und in den angrenzenden Straßen

Linie 5101 Bleckede – Neu Darchau, 5103 Bleckede – Dahlenburg

Sie starten an dem kleinen Platz in der Dorfmitte Walmsburgs (mehr Infos zu Walmsburg: ☞ Tour 4) und folgen dem Wanderwegweiser Richtung Reeßeln vorbei am links liegenden Café Hofliebe bis zur Kreuzung mit der Kateminer Straße.

Café Hofliebe, Wiesenweg 4, 21354 Bleckede/ OT Walmsburg, ☏ 058 53/292, martina@hofliebe-cafe.de, www.hofliebe-cafe.de, Sa 14:00-17:00, So und an Feiertagen 13:00-17:00. in den niedersächsischen Ferien auch Fr 14:00-17:00

Sie überqueren die Kreuzung geradewegs und gehen weiter Richtung Hünengräber. 250 m hinter der Kreuzung zweigt nach rechts eine Kopfsteinpflasterstraße ab, der alte Barskamper Kirchweg, dem Sie durch den Laubwald aufwärts folgen. Oben angekommen gehen Sie in offenem Gelände auf Asphalt weiter, bis Sie an einen alten Laubwald gelangen. Hier finden Sie links hinter Bäumen ein erstes Grab ❶.

Sie gehen am Waldrand weiter, bis Sie nach gut 200 m in einer Linkskurve der Asphaltstraße links in den Wald auf einen unbefestigten Forstweg abbiegen. Gleich an der ersten Gabelung nach wenigen Metern halten Sie sich rechts und kommen gut 200 m weiter an die zweite Begräbnisstätte, die aus einem kurzen Hünenbett von 16 m Länge und einem weiteren von 37 m Länge und 4 m Breite besteht. Rechts vom Weg liegt idyllisch im Wald ein

Grabkammer eines Hünengrabes

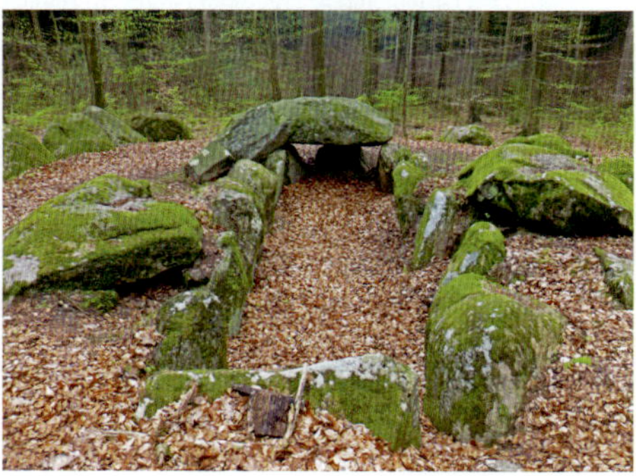

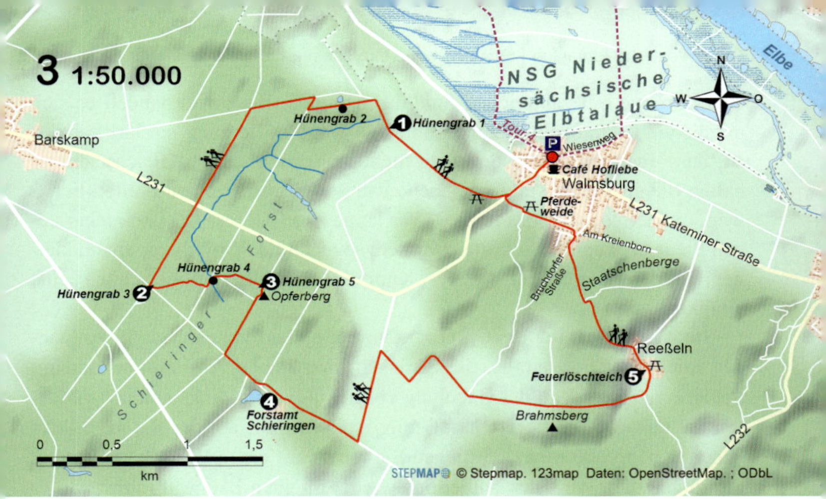

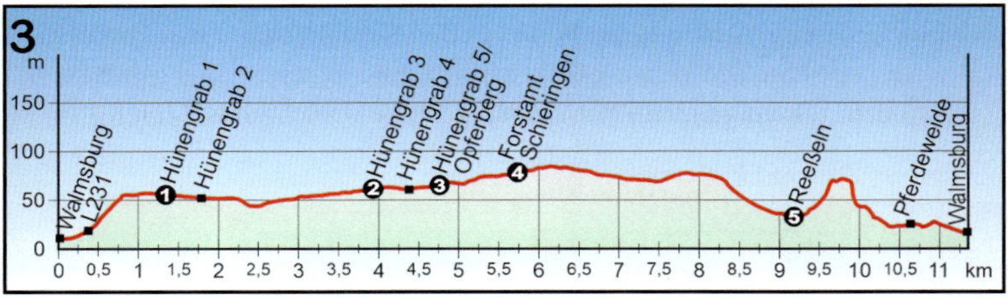

kleines Gewässer. Ein schöner Platz unter hohen alten Buchen, leider gibt es keine Sitzmöglichkeiten außer auf den Steinen der Gräber.

Sie verlassen die Gräber, gehen den Weg weiter bis zu seinem Ende und dort nach rechts. Nach knapp 50 m endet auch dieser Weg. Sie gehen links und folgen dem breiten Forstweg, bis Sie nach gut 400 m an eine Kreuzung mit einem Wanderwegweiser gelangen. Hier gehen Sie links, verlassen den E6 und folgen weiter den weißen Richtungsdreiecken.

Sie überqueren die Landstraße L231 und gehen dahinter auf einem Kopfsteinpflasterweg weiter, bis Sie nach 650 m an eine Mehrfachkreuzung stoßen, an der die dritte Grabanlage ❷ steht: ein rechteckiges, 60 m langes Hünenbett mit der Grabkammer am Ostende.

Sie gehen an der Kreuzung scharf links Richtung Opferberg. Nach gut 400 m gelangen Sie an einen Forstweg, an dem Sie eine markante

Baumgruppe mit zahlreichen Findlingen finden. Bei ihnen handelt es sich um die vierte Grabanlage entlang Ihres Weges, die allerdings so stark zerstört ist, dass eine genaue Bestimmung nicht mehr möglich ist. Gleich dahinter halten Sie sich rechts und erreichen etwa 400 m weiter einen breiten Forstweg. Links finden Sie das fünfte, 45 m lange Großsteingrab ❸ und rechts stehen Sie nach wenigen Schritten vor dem sogenannten Opferberg, einem kleinen, steilen Hügel mit flacher Kuppe, der wahrscheinlich auch eine Grabkammer birgt.

Sie wandern weiter am Opferberg vorbei und erreichen nach 500 m wieder eine breite Forststraße, die Sie nach links gehen. Vorbei am Forstamt Schieringen ❹ (☞ an der Gabelung vor dem Forstamt links halten!) verlassen Sie den Wald und treffen auf eine Asphaltstraße, auf der Sie nach links gehen. Knapp 600 m weiter biegen Sie rechts auf einen Wirtschaftsweg ab. Sie folgen dem Weg, der schließlich wieder in einen Laubwald führt, wo es steil abwärtsgeht. Das letzte Wegstück ist sehr sandig, mit Buggy eine echte Herausforderung. Am Ende des Weges treffen Sie auf einen festen Forstweg. Hier verlassen Sie den Weg mit dem schwarz unterlegten Richtungspfeil und folgen dem rot unterlegten Pfeil Richtung Reeßeln nach links.

Fachwerkscheune in Reeßeln

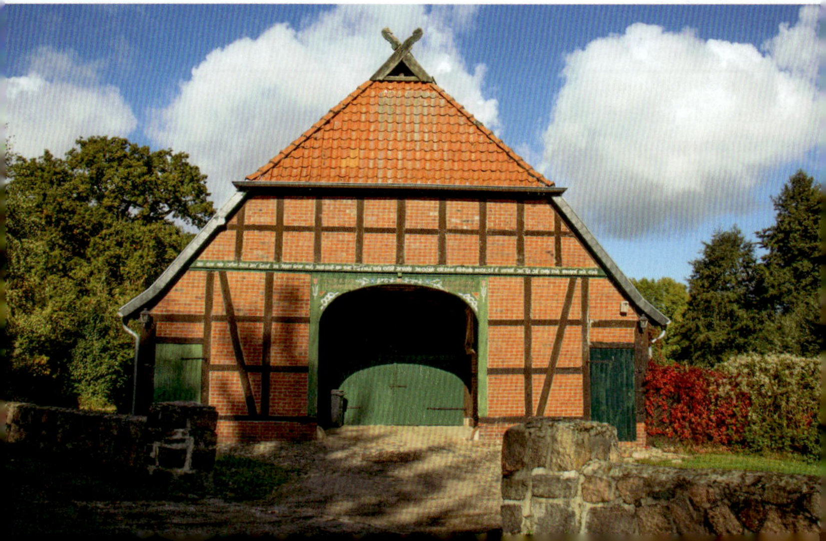

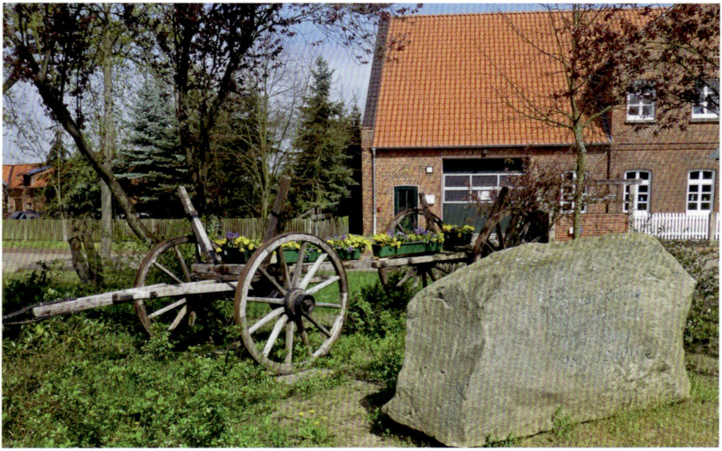

In der Dorfmitte von Walmsburg

Knapp 200 m weiter stehen Sie am Feuerlöschteich von Reeßeln ❺, ein hübsches Dorf mit fünf Hofstellen mit einigen sehenswerten Fachwerkhäusern. Wenig später, die Asphaltstraße macht hier eine Rechtskurve, erreichen Sie an einer ⩩ Bank mit Infotafel eine Pferdekoppel.

Sie folgen dem Richtungspfeil nach links an der Koppel entlang und nehmen am Ende der Koppel den Pfad ganz rechts, der steil aufwärts in den Wald führt. Am Ende des Pfades halten Sie sich rechts, folgen dem Weg um die Linkskurve und queren gleich darauf einen Hohlweg. Dahinter führt der Pfad steil bergab und schließlich an den ersten Häusern von Walmsburg aus dem Wald heraus auf die Bruchdorfer Straße, die Sie nach rechts gehen. Etwa 100 m weiter gelangen Sie an einer Kreuzung an einen Wanderwegweiser. Hier verlassen Sie die Asphaltstraße nach links auf einen grasigen Weg und folgen dem Richtungsweiser nach Walmsburg-Dorfmitte.

Nach knapp 300 m erreichen Sie vor einer Pferdeweide, auf der normalerweise Islandpferde stehen, ⩩ eine Bank. Die letzte Möglichkeit vor dem Ziel, eine Rast zu machen. Sie folgen weiter dem Weg, der an der L231 endet. Dort gehen Sie nach rechts und sind in kurzer Zeit wieder zurück an Ihrem Ausgangspunkt.

❹ Walmsburg: Kurze Rundtour durch die Elbmarsch

Tour für Natur- und Strandfans

Die Wanderung führt zunächst durch schönen Bruchwald und dann durch die offene Elbmarsch bis an das Ufer des Flusses, wo Sie kleine, sandige Strandabschnitte finden. Hier können die Kleinen im Sand spielen und die Großen mit Blick auf die vorbeiziehenden Binnenschiffe und Sportboote ein Sonnenbad nehmen oder am Elbstrand grillen. In den Wiesen und auf den zahlreichen Gewässern können Sie ganzjährig unterschiedliche Vogelarten sehen. Besonders häufig lassen sich im Frühjahr und Frühsommer Störche beobachten, die in den Wiesen auf Nahrungssuche gehen.

Start/Ziel: Walmsburg Dorfmitte, GPS N 53°14.423' E 010°50.760'

4,8 km

1 Std. 15 Min.

auf der ganzen Strecke nur unwesentliche An- und Abstiege

10-15 m

weißes Richtungsdreieck auf schwarzem Grund, stellenweise Wanderwegweiser

durchgängig gute, breite Wege mit festem Untergrund ohne nennenswerten Autoverkehr

Café Hofliebe in Walmsburg in der Nähe von Start und Ziel (☞ Wanderung 3).

Rastmöglichkeiten am Ausgangspunkt, am Elbstrand (ab km 2) und kurz vor dem Ende der Tour auf Bänken auf dem Deich (4,3 km)

Wegen der Spielmöglichkeiten am Strand ist der Weg auch für Familien mit Kindern gut geeignet. Aber beachten Sie den Hinweis zum Baden in der Elbe (☞ unten).

Die Rundtour ist mit Buggys problemlos zu bewältigen.

Hunde sind auf dem größten Teil des Weges an der kurzen Leine zu führen.

Parkmöglichkeiten in der Dorfmitte und in den angrenzenden Straßen

Linie 5101 Bleckede – Neu Darchau, 5103 Bleckede – Dahlenburg

Auch wenn es verlockend ist: Das Baden in der Elbe ist wegen der hohen Strömungsgeschwindigkeit und der Möglichkeit von Strudelbildungen sehr gefährlich.

Bei extremem Hochwasser steht die Marsch unter Wasser. Die Wanderung ist dann nicht möglich.

Walmsburg ist der südlichste Ortsteil von Bleckede. Der historische Ortskern des Rundlingsdorfes steht unter Denkmalschutz. Das Dorf stellt insofern etwas Besonderes dar, als es sich bei dem Rundling nur um einen Halbkreis handelt.

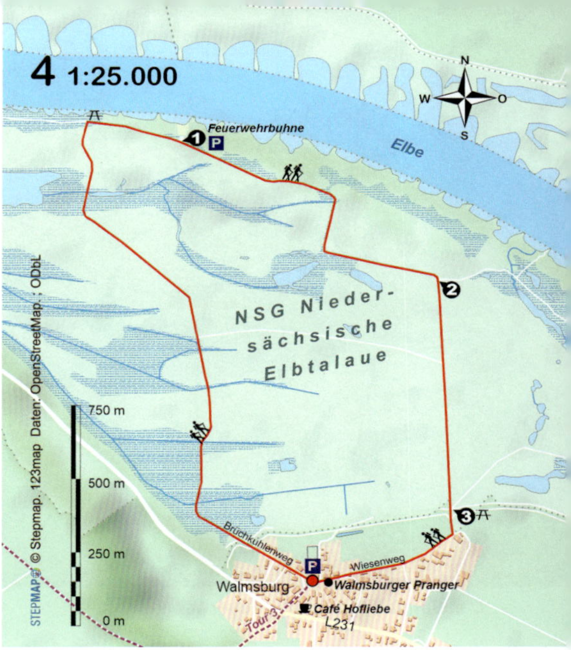

Sie starten in der Dorfmitte am Feuerwehrhaus der Freiwilligen Feuerwehr Walmsburg und folgen dem Brüchkuhlenweg in westlicher Richtung. Der Wanderwegweiser auf der gegenüberliegenden Seite weist die Richtung zum Elbufer.

Sie überqueren den Deich und gehen dahinter geradeaus weiter in den Walmsburger Werder. Zunächst führt der Weg durch einen schönen Bruchwald mit vielen vernässten Bereichen und dann durch offene Wiesenlandschaft. Kurz vor dem Elbufer durchqueren Sie ein Schilffeld, links dahinter liegt ein ausgedehntes Gewässer, das von zahlreichen Wasservögeln genutzt wird.

Wenig später stehen Sie an einer schönen Weidengruppe direkt am Ufer der Elbe. Sie folgen dem Weg nach rechts und wandern am Elbufer entlang. Der Blick auf den Fluss und die gemächlich dahinziehenden Binnenschiffe fasziniert immer wieder.

Nach etwas mehr als 300 m erreichen Sie einen Parkplatz an der sogenannten Feuerwehrbuhne ❶. Von hier sind es nur wenige Schritte zu einem schönen Sandstrand, der sich zwischen zwei Buhnen erstreckt. Auf einem Infoschild mit Landkarte können Sie sich über den Erholungsbereich,

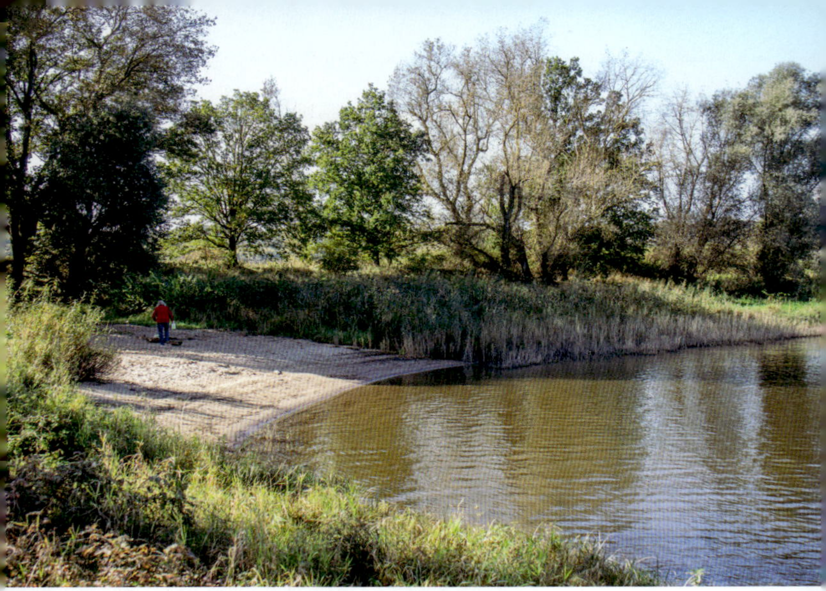

Der Sandstrand an der Feuerwehrbuhne

einen kleinen Streifen entlang des Ufers, informieren, in dem man das Gelände auch abseits der Wege betreten darf.

Sie folgen dem Weg durch offene Landschaft mit saftigen Wiesen und Weiden. Etwas mehr als 1 km hinter der Feuerwehrbuhne, Sie haben das Elbufer inzwischen verlassen, folgen Sie dem Weg um eine Rechtskurve ❷ und ignorieren den links abzweigenden Feldweg. Von hier führt der Wanderweg in gerader Linie auf den Elbdeich zu. Im Hintergrund ist die bewaldete Geest zu sehen. Auf dem Deich ❸ finden Sie zwei ⩚ Bänke, eine gute Möglichkeit für eine Rast mit schönem Blick auf die Wiesenlandschaft zwischen Deich und Elbe. Wenn Sie sich umdrehen, sehen Sie rechts auf einer Wiese auf einem Mast ein Storchennest.

Vom Deich gehen Sie weiter zur Straße, wenden sich dort nach rechts und gelangen vorbei an der Wiese mit dem Storchennest und am Walmsburger Pranger, einem Halseisen von 1707, nach etwa 500 m wieder an den Ausgangspunkt der Tour.

❺ Neu Darchau: Rundweg durch die Elbhöhen

Tour für Natur- und Waldliebende

Die einfache Rundtour verläuft durch den nordwestlichsten Teil der bewaldeten Elbhöhen. Der auch Klötzie genannte Geesthang ist bis knapp über 100 m hoch, fällt stellenweise steil zur Elbe ab und erstreckt sich elbabwärts bis nach Hitzacker. Die Wanderung verschafft einen guten Eindruck von dieser hügeligen, mit Laub- (vor allem Buchen und Eichen) und Nadelwald bestandenen Geestlandschaft, die ihr Gepräge in der Eiszeit erhalten hat.

Start/Ziel: Katemin, Dorfplatz, GPS N 53°13.743' E 010°52.805'

10,1 km

3 Std.

180 m/180 m

15-105 m

im ersten Teil „E“ für den Elbhöhenweg, im weiteren Verlauf weißes Richtungsdreieck auf schwarzem Grund und „X“ für den Europäischen Fernwanderweg E6, stellenweise Wanderwegweiser

gute breite, z. T. befestigte Forst- und Wirtschaftswege, stellenweise schmale, asphaltierte Straßen ohne nennenswerten Verkehr

Gastwirtschaft Zum Göpel etwas abseits des Weges in Klein Kühren (km 2,6), ansonsten mehrere Restaurants in Neu Darchau

Rastmöglichkeit an Start/Ziel, am Wanderparkplatz (km 4,3), ab Quarstedt (km 8,2) mehrere Bänke im Tal des Kateminer Baches

Für Kinder gibt es auf dieser Wanderung keine besonderen Attraktionen.

Die Rundtour ist für Buggys sehr gut geeignet.

Hunde müssen streckenweise angeleint sein.

Sie finden Parkstreifen mit mehreren Parkmöglichkeiten an dem dreieckigen, großen Dorfplatz von Katemin, der direkt an der Hauptstraße durch den Ortsteil liegt.

Linie 5101 Bleckede – Neu Darchau, 5300 Lüneburg – Dahlenburg – Neu Darchau, 8000 Neu Darchau – Hitzacker – Dannenberg – Lüchow, 8001 Hitzacker – Gartow – Neu Darchau – Lüchow

Sie beginnen die Wanderung am Parkstreifen am großen Dorfplatz in Katemin an der Straße Zum Werder.

Katemin gehörte ursprünglich zum Landkreis Lüneburg, wurde aber 1972 in die Gemeinde Neu Darchau eingegliedert, die zum Landkreis Lüchow-Dannenberg gehört. Das ursprünglich selbstständige Dorf, das entlang des Kateminer Baches etwas westlich von Neu Darchau liegt, ist heute mit dem Kernort komplett verwachsen. Beide Ortsteile gehen direkt ineinander über.

Sie gehen zur Hauptstraße (L231), wo Sie sich nach links wenden. Am Ortseingangsschild von Neu Darchau überqueren Sie den Kateminer Bach, den Sie etwas weiter bachaufwärts kurz vor dem Ende der Wanderung nochmals überqueren werden.

Architektonisch interessante Häuser

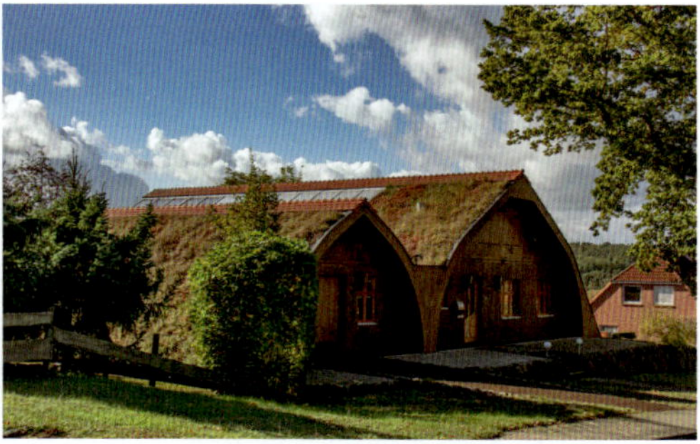

Hinter der Brücke gehen Sie gleich rechts in die Göhrder Straße. Gut 100 m weiter biegen Sie an einem Wanderwegweiser links in den August-Kröpke-Weg ab, der an einem architektonisch interessanten Gebäude mit begrüntem Dach und dem Friedhof steil den Geesthang aufwärtsführt. Sie folgen nun dem mit „E“ markierten Elbhöhenweg.

Nach knapp 700 m gelangen Sie am Waldrand an die letzten Häuser. Eine Barriere verhindert hier, dass Autos in den Wald hineinfahren. Sie folgen dem Forstweg, der weiter aufwärts durch einen Mischwald führt, bis Sie nach etwa 700 m unmittelbar vor einem Feld auf einen weiteren Weg stoßen, dem Sie nach links folgen. Der Weg, der kurze Zeit später asphaltiert ist, führt stellenweise steil abwärts und endet an einem Wanderwegweiser ❶ an der nach Klein Kühren führenden Asphaltstraße.

☺ Die durch Klein Kühren, einen Ortsteil von Neu Darchau, führende Elbuferstraße erreichen Sie nach ca. 50 m. Jenseits der Straße, direkt an der Elbe, liegt der Campingplatz Elbufer mit der Gaststätte Zum Göpel.

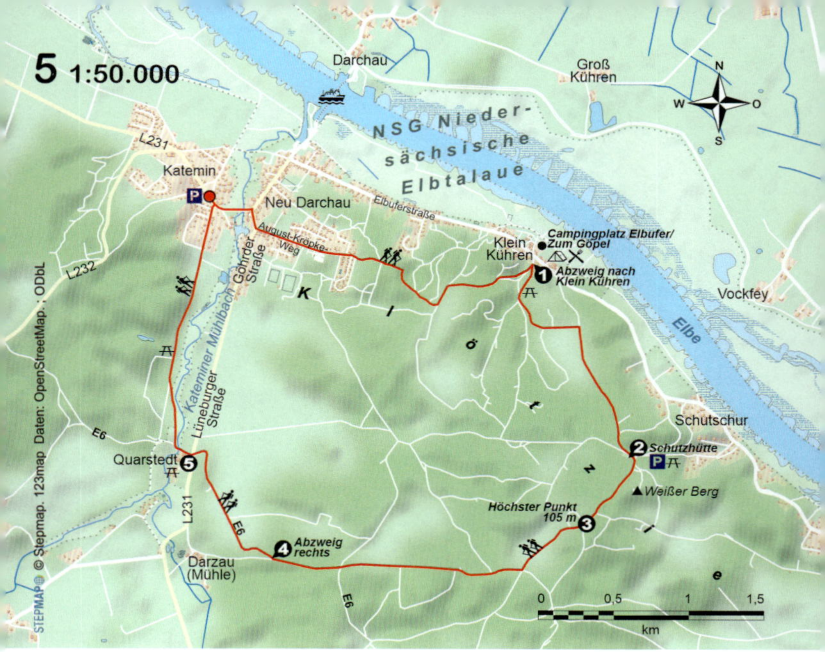

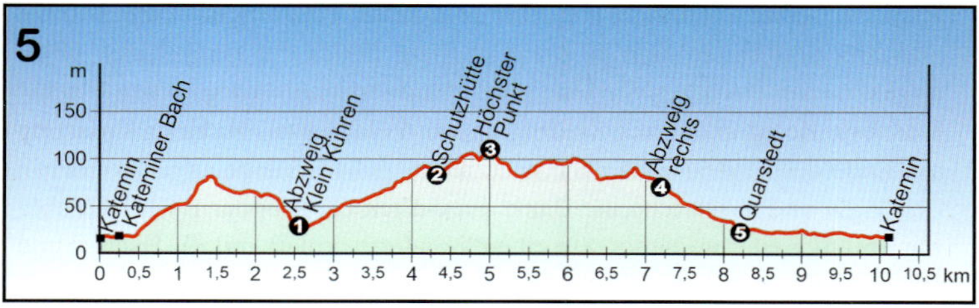

✕ Gaststätte Zum Göpel auf dem Ganzjahrescampingplatz Elbufer, Elbuferstr. 141, 29490 Neu Darchau/Klein Kühren, ☏ 058 53/256, info@campingplatz-elbufer.de, www.campingplatz-elbufer.de, Gaststätte: Mai bis Oktober täglich außer Di 10:00-13:00 und ab 17:00, Fr bis So ab 18:00 Grillen, November bis April Mi bis Sa 10:00-13:00 und ab 17:00, So 10:00-13:00

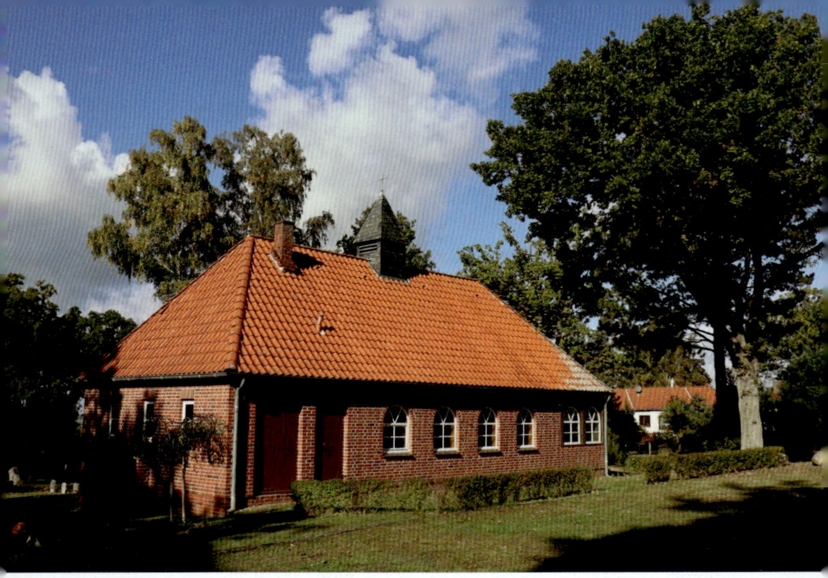

Die kleine Kapelle auf dem Friedhof von Katemin

Der Wanderweg führt hier aber in die andere Richtung scharf rechts Richtung Hitzacker, dem „E“ folgend. Gut 100 m weiter finden Sie eine ⛩ Bank, die erste auf Ihrem Weg. Sie folgen der einspurigen Asphaltstraße aufwärts und halten sich an der Gabelung hinter der Bank links. Oben angekommen erreichen Sie eine große landwirtschaftlich genutzte Fläche. Der feste Belag endet und Sie folgen dem Feldweg bis zu einer Kreuzung am Ende des Feldes, an der Sie nach rechts gehen. Sie gelangen wieder in den Wald und passieren eine Bank. Eigentlich ein schöner Rastplatz, aber nur 150 m weiter erreichen Sie einen Wanderparkplatz mit ⛩ Tischen und Bänken und einer Schutzhütte ❷.

Hinter dem Parkplatz halten Sie sich rechts und wandern auf dem befestigten Forstweg durch schönen Laubwald aufwärts. Nach wenigen Metern zweigt der mit „E“ markierte Elbhöhenweg nach links ab. Sie gehen an dieser Stelle weiter geradeaus aufwärts und erreichen nach etwa 550 m in 105 m Höhe den höchsten Punkt ❸ der Wanderung. Nun geht es wieder abwärts und nach etwas mehr als 500 m gelangen Sie an eine größere Kreuzung. Hier biegen Sie rechts von dem asphaltierten Forstweg auf den unbefestigten Wirtschaftsweg Richtung Neu Darchau ab. (☝ Hinweis auf einem Betonstein, der zur Vegetationszeit im hohen Gras leicht übersehen werden kann.) Sie finden jetzt stellenweise weiße Richtungspfeile auf schwarzem Grund.

200 m weiter weist an einer Abzweigung ein Wegweiser rechts Richtung Neu Darchau. Sie ignorieren den Hinweis und gehen weiter geradeaus durch den wunderbaren alten Buchen-/Eichenwald. Etwa 1 km weiter erreichen Sie eine Kreuzung mit Wanderwegweiser. Hier stößt der Europäische Fernwanderweg E6 (mit einem weißen „X" markiert) von links kommend auf den Wanderweg. Rechts geht es erneut nach Neu Darchau ab. Aber auch hier ignorieren Sie den Hinweis und wandern weiter geradeaus, nun durch Nadelwald, bis Sie nach knapp 500 m erneut eine Abzweigung ❹ erreichen. Hier folgen Sie den Markierungen und verlassen den Forstweg nach rechts auf einen stellenweise mit Gras überwachsenen Weg.

Sie folgen dem Weg, der aus dem Wald herausführt, auf einer schönen Eichenallee zwischen Feldern abwärts, bis Sie am Weiler Quarstedt ❺ auf die L231 (Lüneburger Straße) stoßen. Ein Wartehäuschen an einer Bushaltestelle bietet Schutz bei Regen und würde wohl auch für die gesamte Quarstedter Bevölkerung ausreichen, die mal mehr, mal weniger als 10 Personen zählt.

Kateminer Mühlbach bei Quarstedt

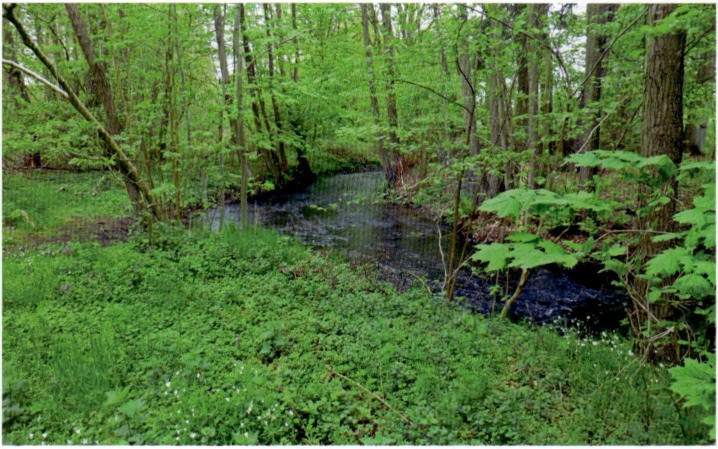

Sie überqueren die Straße geradewegs, halten sich an der Gabelung wenige Meter weiter rechts und gelangen knapp 100 m weiter an den Kateminer Bach, den Sie überqueren.

Der Kateminer Bach oder Kateminer Mühlbach, wie er auch genannt wird, mündet bei Neu Darchau in die Elbe. Das 12 km lange Gewässer entspringt beim Jagdschloss Göhrde (☞ Wanderung 9) und verläuft in nördlicher Richtung. Seinen Namen hat der Bach von der kurz vor der Mündung liegenden Kateminer Wassermühle, die 1330 erstmals urkundlich erwähnt wurde. Heute gibt es noch vier Mühlen entlang des idyllischen Baches, der durch eine reiche Flora und Fauna gekennzeichnet ist.

An der Abzweigung hinter der Brücke verlassen Sie den E6 nach rechts und wandern im Tal des Baches Richtung Neu Darchau. Auf diesem gut 1,5 km langen Streckenabschnitt finden Sie mehrere Bänke mit schönem Blick auf den mit Bäumen bestandenen Bachlauf.

In Neu Darchau/Katemin treffen Sie wieder auf die Hauptstraße, auf der Sie nach links nach wenigen Schritten Ihren Ausgangspunkt erreichen.

Dorfmitte von Katemin

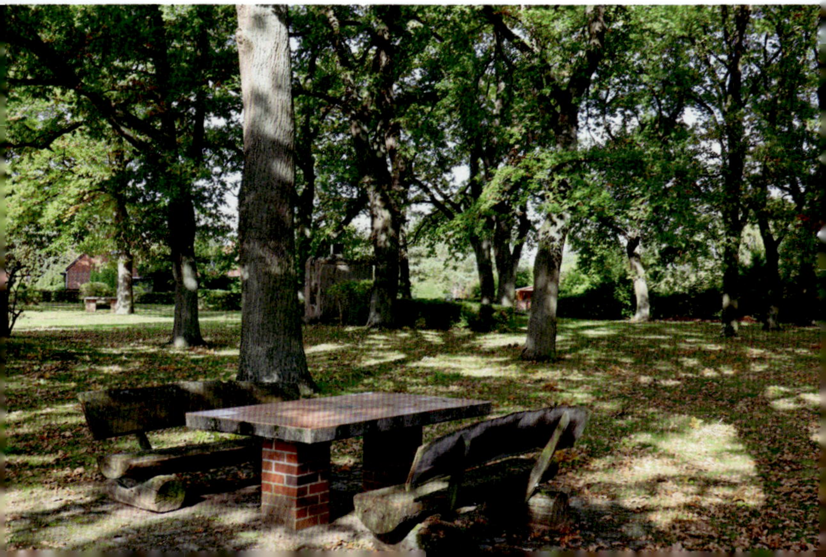

6 Drethem: Elbtalaue und Kniepenberg

Tour für naturliebende „Alpinistinnen" und „Alpinisten"

Eine schöne Rundtour, die sowohl durch Wald als auch durch offenes, landwirtschaftlich genutztes Gelände verläuft. Besonders im Frühling, wenn der Raps blüht, bilden die leuchtend gelb gefärbten Felder ein prächtiges Bild. Höhepunkt ist der Kniepenberg (86 m) mit seinem hölzernen, 16 m hohen Aussichtturm, von dem aus Sie aus über 100 m Höhe eine grandiose Fernsicht haben. Und mit etwas Glück können Sie sogar Seeadlern auf Augenhöhe begegnen, die immer mal wieder um den Turm fliegen und Aufwinde nutzen. Auch das kleine Dorf Drethem lohnt einen Besuch.

Der An- und Abstieg zum Kniepenberg hat für das Norddeutsche Tiefland schon „alpine" Ausmaße. Alles in allem eine etwas anspruchsvollere Tour, die aber von allen normal fitten Wanderinnen und Wanderern ohne Probleme zu bewältigen ist.

Start/Ziel: Drethem, an der Kirche, GPS N 53°12.099' E 010°57.383' (☞ unter P)

7,4 km

2 Std. 30 Min.

215 m/215 m

15-86 m

im ersten Teil weiße Richtungsdreiecke, ab Tiesmesland „E" für den Elbhöhenweg, stellenweise Wanderwegweiser

Die Wanderung verläuft zum größten Teil auf Feld- und Waldwegen sowie auf Pfaden mit nur wenigen befestigten Abschnitten. Auf den Kniepenberg steigen Sie auf schmalen, stellenweise sehr steilen Wurzelpfaden, die ein wenig Kondition erfordern – und Aufmerksamkeit, um nicht über die zahlreichen Wurzeln zu stolpern.

keine Einkehrmöglichkeit entlang des Weges

Rastmöglichkeit in Bahrendorf auf einer Bank mit schönem Blick (km 2,2), großer Rastplatz auf dem Kniepenberg am Aussichtsturm (km 6,1)

Nicht nur für Kinder ist der hölzerne Aussichtsturm eine Attraktion.

Wegen des steilen An- und Abstiegs am Kniepenberg ist der Rundweg für Buggys ungeeignet.

Hunde müssen streckenweise angeleint sein.

P Parkmöglichkeiten auf einem Parkstreifen in der Straße An der Elbe vor der Kirche in Drethem. Von Neu Darchau kommend geht die Straße in einer Rechtskurve von der Elbuferstraße links ab. Wer will, kann auch auf einem großen Parkplatz am Kniepenberg nahe am Aussichtsturm parken und dort die Wanderung beginnen.

Linie 8000 Neu Darchau – Hitzacker – Dannenberg – Lüchow

Drethem, seit 1972 Ortsteil von Neu Darchau, ist ein gemütliches kleines Dorf direkt an der Elbe. Die sehenswerte Backsteinkirche stammt aus dem 18. Jahrhundert. Vor der Wiedervereinigung war der Ort eine beliebte Anlaufstation für Radlerinnen und Radler auf dem Elberadweg. Seitdem hat sich das geändert. Heute ziehen die großen Fahrradströme auf der anderen Seite der Elbe vorbei. Dort gibt es keine steilen An- und Abstiege, der Radweg verläuft auf dem Elbdeich – ohne Höhenunterschiede, die die meisten lieber vermeiden.

Für Wanderbegeisterte aber ist das eine Chance, weil man kaum mit Radtouristinnen und Radtouristen konkurriert und hier preiswerte Unterkünfte findet (z. B. die Ferienwohnungen Elbufer Schulz-Sandhof in einem ehemaligen Bauernhaus, www.ferienwohnung-elbufer.de).

Backsteinkirche in Drethem

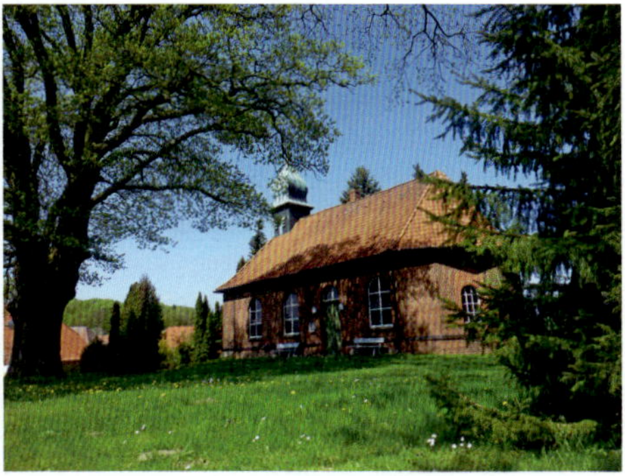

Sie starten in Drethem an der Kirche, gehen zur Elbuferstraße und dort weiter Richtung Neu Darchau. Schon nach etwa 100 m biegen Sie wieder nach links auf eine einspurige Betonstraße ab. Hier verlassen Sie den mit einem „E“ markierten Elbuferweg. Folgen Sie nun den weißen Richtungsdreiecken.

Die Straße führt durch einen schönen Buchenwald leicht aufwärts. Am Ende des Waldes gehen Sie links auf den Feldweg. Bis nach Bahrendorf verläuft der Weg durch landwirtschaftlich genutzte Flächen, auf denen im Frühjahr der Raps intensiv gelb leuchtet.

Sie überqueren die nach Drethem führende Landstraße, halten sich an der nächsten Gabelung an einem kleinen Wäldchen rechts und wandern auf dem sogenannten Apfelweg nach Bahrendorf. Dort finden Sie unter einem riesigen Nadelbaum eine Bank ❶ mit schöner Aussicht.

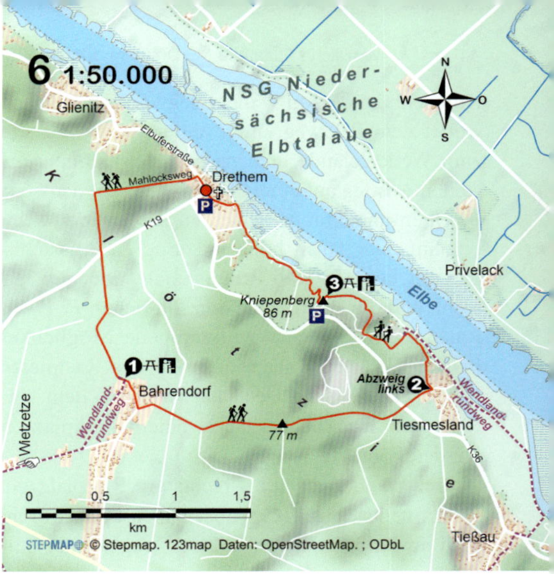

Der Wendlandrundweg führt hier rechts nach Wietzetze (weißes Richtungsdreieck). Sie verlassen den Rundweg, gehen hier geradeaus weiter in das Dorf hinein und halten sich an der Gabelung etwa 250 m hinter der Bank weiter links. Sie folgen der Straße, überqueren geradewegs eine Kreuzung und gelangen in einen Wald. Hier geht es nun auf einem Forstweg aufwärts bis auf eine Höhe von 77 m – fast die gleiche Höhe, die Sie später am Kniepenberg nochmals erklimmen werden.

Danach führt der Weg wieder abwärts bis an die Elbuferstraße, die Sie geradewegs überqueren, um dann Richtung Tiesmesland – ein kleines, zu Hitzacker gehörendes Dorf – zu wandern. Am Anfang des Ortes gehen Sie an den zwei großen Eichen links ab in die unbefestigte Straße Zum

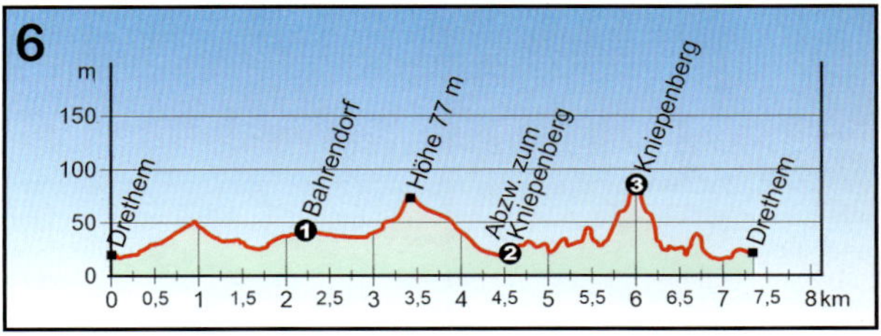

Kniepenberg ❷. Am Wanderwegweiser hinter dem letzten Haus folgen Sie weiter dem Feldweg, umgehen ein Kieswerk, kreuzen die Zufahrtsstraße zum Werksgelände und machen sich dahinter auf den zum Schluss sehr steilen Anstieg auf einem Pfad hinauf auf den 86 m hohen Kniepenberg ❸.

Oben angekommen werden Sie für den schweißtreibenden Aufstieg belohnt. Der 16 m hohe hölzerne Aussichtsturm bietet eine unvergleichliche 360-Grad-Rundumsicht über die Höhenlandschaft des Drawehn und die Elbtalaue. Die zahlreichen Bänke und Tische am großen Rastplatz bieten eine willkommene Möglichkeit für eine ausgedehnte Pause. Wer sich über die Größe des Rastplatzes und die Vielzahl der Besucherinnen und Besucher wundert, dem sei gesagt, dass Turm und Rastplatz auch bequem von einem Parkplatz etwas unterhalb erreicht werden können.

Der Wanderweg führt rechts am Rastplatz vorbei und biegt direkt an einer Buche scharf rechts ab. Zunächst geht es sehr steil auf einem Wurzelpfad abwärts, dann verläuft der Weg wieder einige Meter über der Elb-

Rastplatz auf dem Kniepenberg

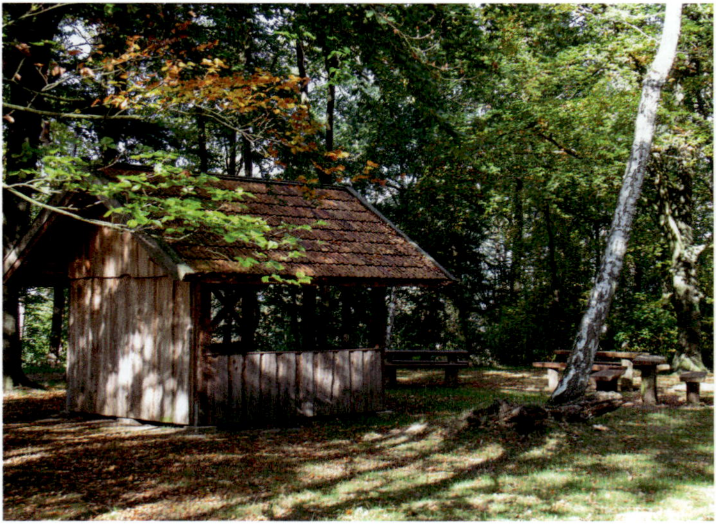

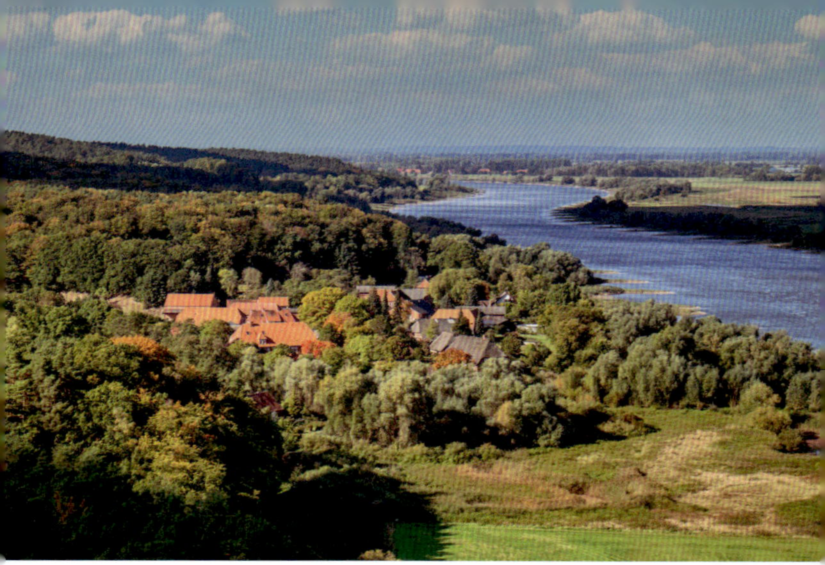

Blick vom Aussichtsturm auf dem Kniepenberg über Drehtem Richtung Nordwesten

marsch auf und ab, bis er Sie an die ersten Häuser von Drethem bringt, die hier sehr tief liegen und bei größeren Hochwassern der Elbe regelmäßig überflutet werden. Eine Markierung an einem Laternenpfahl am Anfang des Dorfes zeigt die Höhe des letzten Hochwassers an.

Am nächsten Wanderwegweiser halten Sie sich links. Auf der asphaltierten schmalen Straße erreichen Sie nach 150 m wieder Ihren Ausgangspunkt an der Kirche von Drethem.

7 Hitzacker: Alte Jeetzel, Klötzie und ein Weinberg

Tour für Kulturinteressierte, Natur- und Weinfans

Die aussichtsreiche Wanderung führt auf einem Teil des ca. 27 km langen Klötzie-Stieges zunächst flach am Rande des Urstromtals der Elbe entlang und erklimmt dann den hier bis zu 70 m hohen, stellenweise steil abfallenden Geesthang im nördlichen Drawehn, die sogenannte Klötzie. Zahlreiche, teilweise steile An- und Abstiege lassen den ans Flachland gewohnten Norddeutschen an alpine Verhältnisse denken und kurz vor dem Ende der Tour steigen Sie auf den 53 m hohen Weinberg, von dem Sie eine außergewöhnlich schöne Aussicht haben.

Dem an Natur und Landschaft Interessierten bieten sich entlang des Weges zahlreiche Tafeln mit wissenswerten Informationen. Wer genügend Zeit hat, sollte nicht versäumen, sich die Altstadt von Hitzacker mit ihren Sehenswürdigkeiten anzuschauen und die vielfältigen kulturellen Angebote zu nutzen. Und auch für das leibliche Wohl bietet die „kleine Stadt mit großem Charme" für jeden Geschmack und Geldbeutel diverse Möglichkeiten.

- Start/Ziel: Parkplatz an der Straße Am Weinberg in Hitzacker, GPS N 53°09.053' E 011°02.696'
- 5,7 km
- 1 Std. 45 Min.
- 150 m/150 m
- 15-84 m
- zu Anfang keine, im zweiten Teil „E" für Elbhöhenweg, weiße Richtungsdreiecke und stellenweise Wanderwegweiser
- direkt am Weg das Hotel/Restaurant Waldfrieden (km 4,8), ansonsten zahlreiche Einkehrmöglichkeiten in der Altstadt von Hitzacker
- sehr schöne Rastmöglichkeit mit fantastischer Aussicht auf dem Weinberg (km 5,2)
- Das Archäologische Zentrum Hitzacker ist auch für Kinder eine spannende und informative Einrichtung. Darüber hinaus bietet sich für die ganze Familie eine Runde auf dem Minigolfplatz an.
- Mehrere steile Passagen mit Stufen sind für Buggys ungeeignet.

Hunde sind auf dem größten Teil des Weges an der kurzen Leine zu führen.

großer kostenloser Parkplatz in der Straße Am Weinberg westlich der Altstadt

RB 32 Lüneburg – Dannenberg

Linie 8000 Neu Darchau – Hitzacker – Dannenberg – Lüchow, 8001 Hitzacker – Gartow – Neu Darchau – Lüchow, 8005 Dannenberg – Hitzacker – Dahlenburg, 8032 Clenze – Lüchow – Clenze

Sie starten die Wanderung am Parkplatz und folgen der Straße Am Weinberg in nördlicher Richtung. Rechts bieten die Altstadt und die Jeetzel, ein 73 km langer Nebenfluss der Elbe, der in Sachsen-Anhalt entspringt, ein schönes Bild. Sie passieren eine Fußgängerbrücke, die in die Altstadt führt, und gehen gut 250 m weiter durch ein Fluttor. Hier gabelt sich der Weg und Sie können wählen: Links verläuft der Weg zwischen Geesthang und Alter Jeetzel größtenteils im Schatten, rechts wandern Sie auf einem schönen Wiesenweg zwischen Alter Jeetzel und Elbe. Beide Wege vereinen sich nach etwa 1,5 km am Ende der Alten Jeetzel, die über

Fußgängerbrücke über die Jeetzel

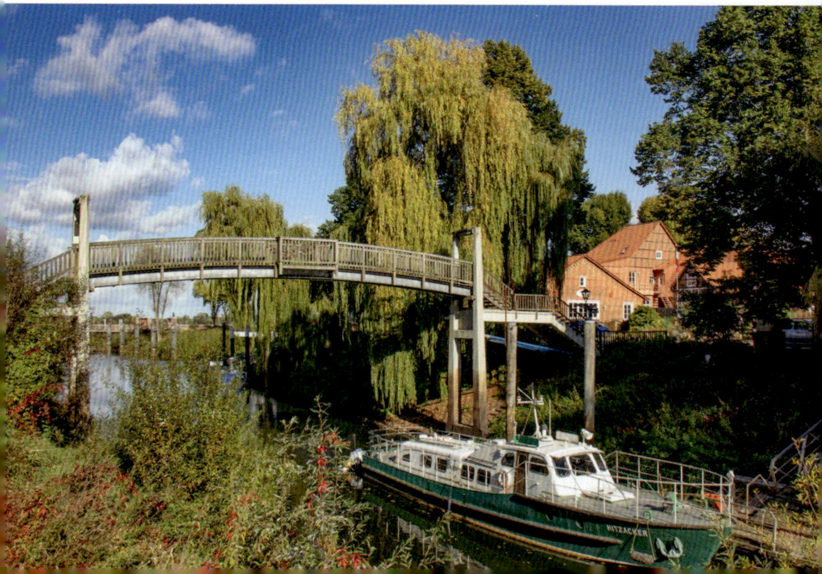

ein Rohr mit der Elbe verbunden ist, wieder. Ich bevorzuge die rechte Variante, da sie sonniger ist und der Weg später ohnehin noch an der Geestkante verläuft.

Nach der Vereinigung beider Wege wandern Sie weiter elbabwärts direkt am Fuß des steilen Geesthanges entlang. Sie passieren einen kleinen Brunnen (☝ kein Trinkwasser) und erreichen eine größere Abzweigung ❶ mit Wanderwegweiser. Hier werden Sie auf dem Rückweg in die Wolfsschlucht gehen. Zunächst wandern Sie jedoch noch auf dem elbufernahen Weg weiter (☝ nicht die gegenüberliegenden Stufen hochgehen, dort kommen Sie auf dem Rückweg runter), bis Sie nach ca. 500 m an ein Klärwerk gelangen, das meist auch für ungeübte Nasen deutlich wahrnehmbar ist. Sie machen hier kehrt und gehen scharf links auf einem Pfad in den Laubwald hinein. Von hier ist der Weg gut mit einem „E“ und weißen Richtungsdreiecken markiert. Der Pfad führt, stellenweise mit Stufen, steil aufwärts. Der Anstieg ist aber nur kurz und bald geht es wieder abwärts. Der Pfad endet über Stufen an der vom Hinweg bekannten Abzweigung.

Sie halten sich jetzt rechts und gehen auf dem Weg die sogenannte Wolfsschlucht aufwärts, bis Sie nach etwa 150 m an eine Abzweigung gelangen. Dort gehen Sie links und wandern weiter durch den schönen Buchenwald stellenweise steil aufwärts. An den Abzweigungen und Kreuzungen folgen Sie immer den Markierungen, bis Sie nach etwa 500 m an eine Gabelung ❷ mit Wanderwegweiser gelangen. Etwa 70 Höhenmeter haben Sie nun bewältigt, für das norddeutsche Flachland schon rekordverdächtig.

Als Klötzie oder Elbhöhen wird der bis über 100 m steil zum Urstromtal der Elbe abfallende Geesthang des Hohen Drawehn zwischen Hitzacker und Neu Darchau bezeichnet.

Der Wanderweg führt an der Gabelung links Richtung Hitzacker und ist weiter gut markiert. Stellenweise verläuft er dicht am Steilufer mit schönem Blick auf die Elbe. Der Weg führt dann wieder abwärts und verlässt den Wald an einem Gesundheitszentrum. Gleich hinter der Anlage gehen Sie rechts und bei der nächsten Möglichkeit wieder links.

Der Wanderweg führt am Kurhaus vorbei, von dem Sie erneut einen wunderbaren Blick auf die Elbe haben. Hinter dem Kurhaus gelangen Sie

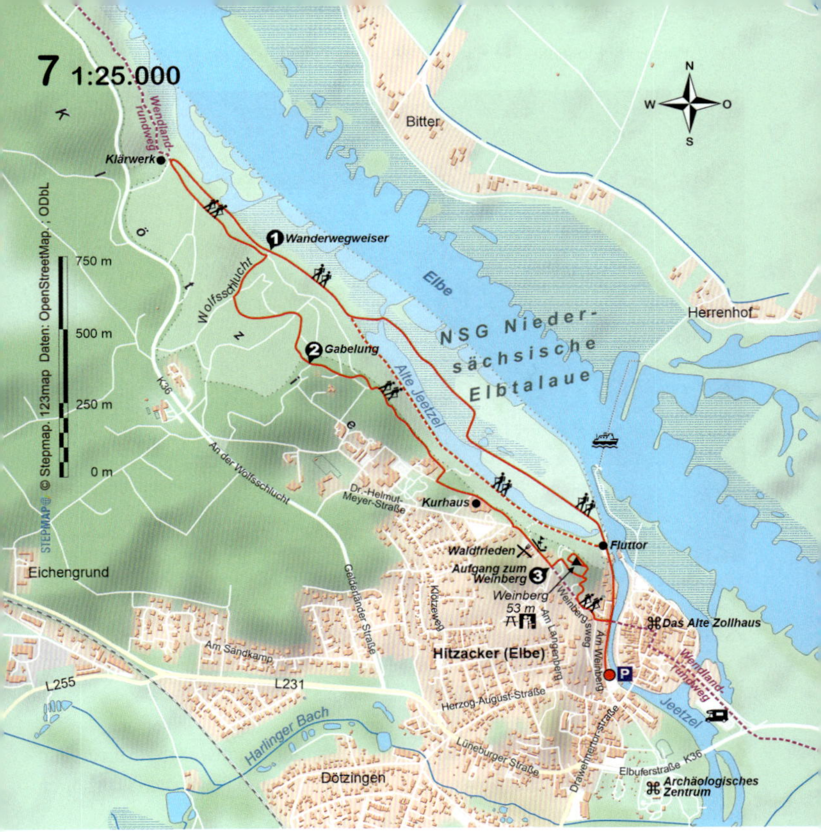

an eine Straße. Sie halten sich links und passieren das Hotel/Restaurant Waldfrieden, zu dem der links liegende Minigolfplatz gehört. (Schläger und Bälle können Sie gegen eine Gebühr im Hotel ausleihen.)

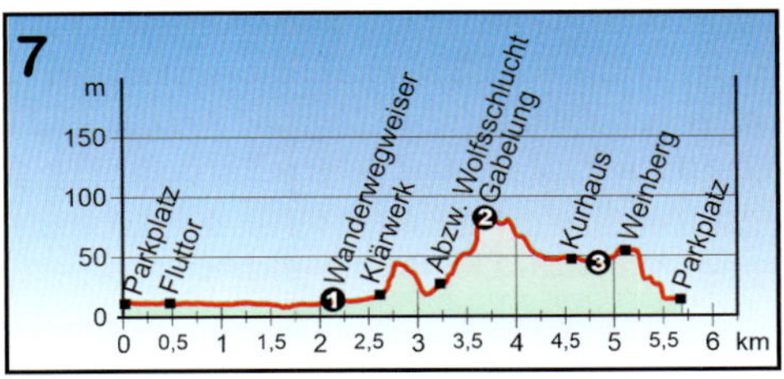

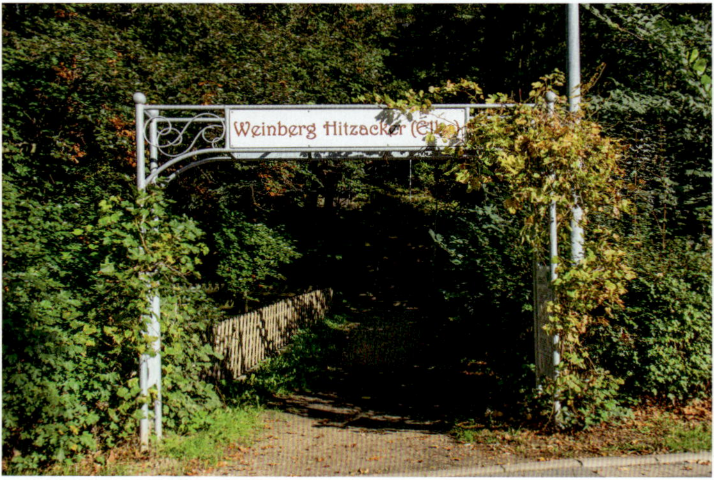

Hier geht's zum Weinberg

Hotel/Restaurant Waldfrieden, Weinbergsweg 25, 29456 Hitzacker, 058 62/967 20, post@hotel-waldfrieden.info, www.hotel-waldfrieden.info, tägl. 12:00-20:45, Frühstück 07:30-10:00, Mitte Oktober bis Ende März Mo Ruhetag

Gleich hinter einem ebenfalls links liegenden Fachwerkbau erreichen Sie den Aufgang ❸ zum Weinberg, der durch einen eisernen Torbogen nicht zu übersehen ist.

Auch wer durch die vielen Anstiege schon etwas ermüdet ist, sollte den Gang auf das Gipfelplateau nicht auslassen, hat man von oben doch einen unvergleichlichen Blick auf die Altstadt von Hitzacker, die Elbe und die Landschaft dahinter. Und Weg und Anstieg sind nur noch kurz. Gehen Sie die Stufen aufwärts und folgen Sie dem Weg am Ende der Stufen nach links. Auf ihm gelangen Sie direkt auf das ausgedehnte Gipfelplateau mit seinen zahlreichen Rastmöglichkeiten.

Der 53 m hohe Weinberg in Hitzacker zählt zu den nördlichsten Weinbergen in Deutschland und hat eine alte Weinbautradition, die bis auf das Jahr 1521 zurückgeht. Die 99 Rebstöcke liefern jährlich nur wenig mehr als 50 Flaschen Hidesacker Weinbergtröpfchen. Sie werden vom Bürgermeister an Persönlichkeiten verschenkt, die sich um die Stadt verdient gemacht haben.

Jedes Jahr im Oktober wird die Weinlese gefeiert und eine Weinkönigin gekürt. Bedeutung hatte der Berg aber schon früher. Bereits im 8. Jahrhundert wurde von Slawen auf dem Gipfelplateau eine Burg errichtet. Ende des 13. Jahrhunderts war sie die Zufluchtsstätte eines Raubritters. Um ihn zu vertreiben, wurde sie völlig zerstört.

Vom Berg steigen Sie auf der Treppenanlage (164 Stufen) auf der Ostseite des Plateaus wieder ab und gehen am Ende der Stufen links. Sie gelangen zum inzwischen leeren Platz der Riesenkastanie. Wegen Baumkrebs musste Sie gefällt werden. Von ihr zeugt heute nur noch eine Informationstafel. Etwa 50 m weiter gehen Sie links die Stufen abwärts vorbei am Hotel Hafen Hitzacker und erreichen gegenüber der Fußgängerbrücke über die Jeetzel wieder die Straße Am Weinberg. Zu Ihrem Ausgangspunkt

Blick vom Weinberg auf Hitzacker

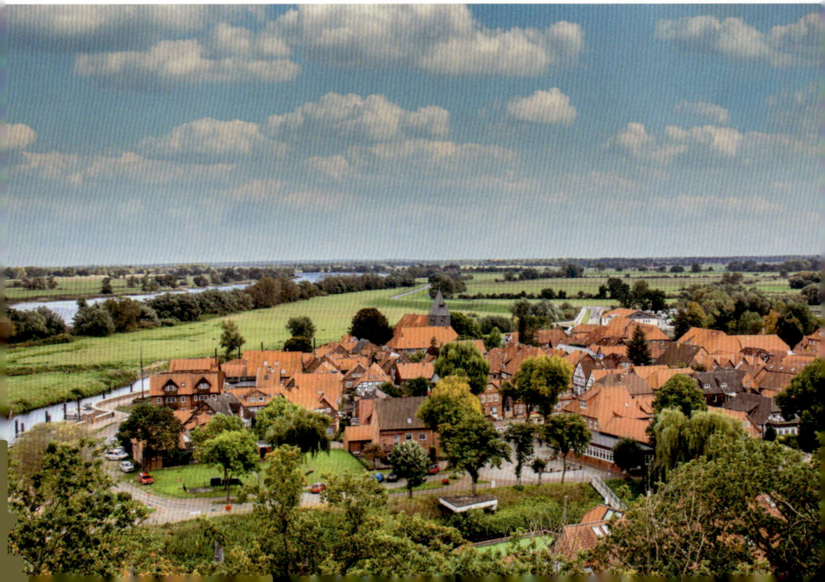

folgen Sie ihr nach rechts. Oder aber Sie überqueren die Jeetzel und hängen noch einen kleinen, überaus lohnenden Bummel durch die Altstadt von Hitzacker an.

Der Kneipp-Kurort Hitzacker, in dem fast 5.000 Menschen leben, hat einiges zu bieten. Neben der umliegenden Natur und Landschaft ist es auch die unter Denkmalschutz stehende Altstadt auf der Insel mit ihren malerischen Gassen und hübschen Fachwerkhäusern. Zahlreiche Restaurants und Cafés bieten für jeden Geschmack und Geldbeutel Speis und Trank. Und wer länger bleiben möchte, kann zwischen zahlreichen Unterkunftsmöglichkeiten wählen.

Den an Musik Interessierten locken zwei inzwischen überregional bekannte Events: die Musikwoche Hitzacker, die jedes Jahr im März stattfindet und überwiegend barocke Konzerte bietet, und die Sommerlichen Musiktage Ende Juli/Anfang August, die als ältestes Kammermusikfestival Deutschlands gelten.

- www.musikwoche-hitzacker.de
- ♦ www.musiktage-hitzacker.de

Hervorzuheben sind noch zwei museale Einrichtungen: Da ist zum einen das Alte Zollhaus Hitzacker. Das 1589 erbaute, sehenswerte Fachwerkhaus beherbergt heute ein Museum zur Stadtgeschichte. Etwas außerhalb der Altstadt liegt zum anderen auf einem bronzezeitlichen Siedlungsplatz das Archäologische Zentrum Hitzacker. Ein spannendes Freilichtmuseum zum bronzezeitlichen Siedlungswesen, das erste seiner Art in Deutschland.

⌘ Das Alte Zollhaus, Zollstr. 2, 29456 Hitzacker, ☏ 058 62/88 38, www.museum-hitzacker.de, März bis Ende Oktober Di bis So 10:00-17:00

♦ Archäologisches Zentrum Hitzacker, Elbuferstr. 2-4, 29456 Hitzacker, ☏ 058 62/67 94, azh@archaeo-zentrum.de, www.archaeo-zentrum.de, April bis Oktober täglich 10:00-17:00

Nördlicher Drawehn

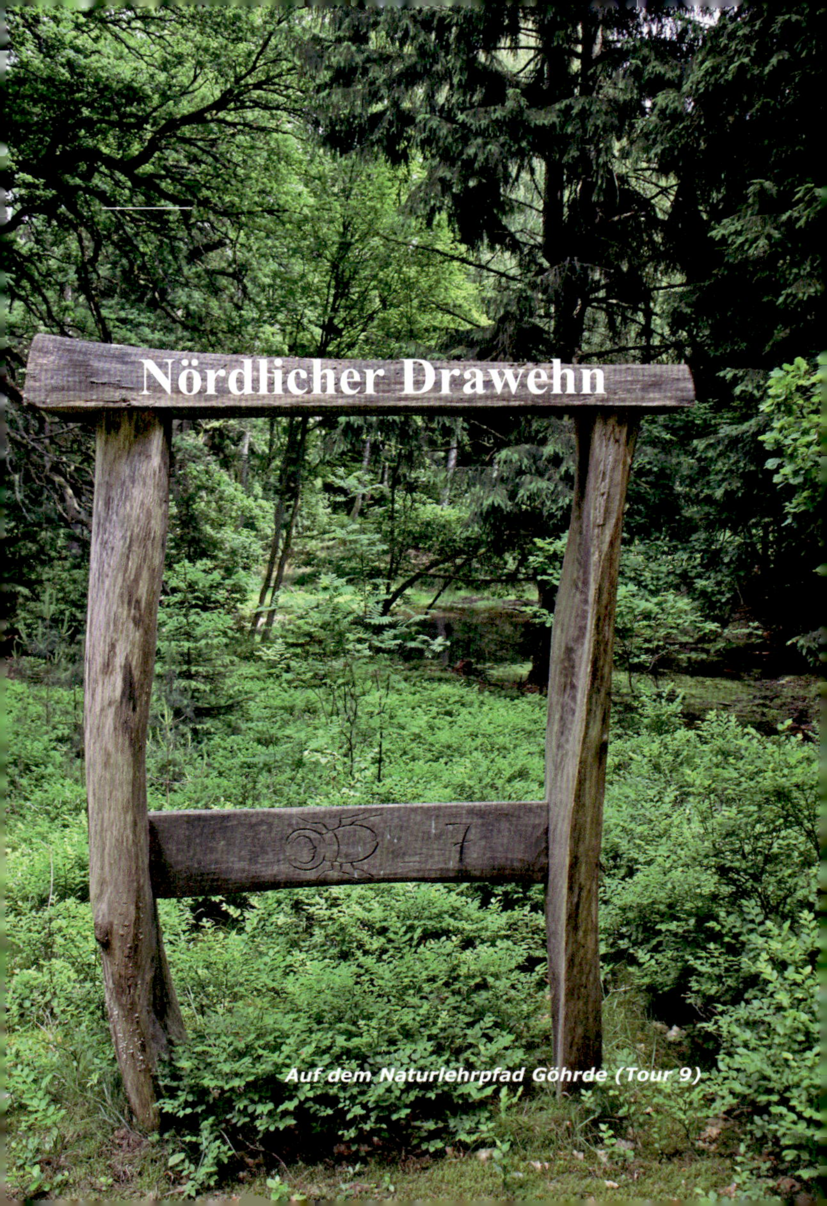

Auf dem Naturlehrpfad Göhrde (Tour 9)

8 Govelin: Feldlilienpfad

Tour für Naturliebhaberinnen und Naturliebhaber

Die kurze, einfache Rundtour bietet einen guten Einblick in die Entstehung und Veränderung der Kulturlandschaft des Hohen Drawehn. Auf 12 Informationstafeln entlang des Weges werden interessante Details aus Natur und Landschaft sowie Kultur und Geschichte erläutert.

Wer die Feldlilie oder Feuerlilie (Lilium bulbiferum) mit ihren orangeroten, handtellergroßen Blüten sehen will, sollte sich von Juni bis Mitte Juli auf den Weg machen. Die schöne Pflanze kommt als Ackerwildkraut in Deutschland nur noch im nordöstlichen Niedersachsen vor. Ein weiteres Highlight der Region ist der Ortolan, der als Sänger des Drawehn gilt. Der scheue, versteckt in den Baumkronen lebende Vogel ist schwer zu sehen, im Frühjahr und Frühsommer durch seinen charakteristischen Gesang aber nicht zu überhören. Und auf einen weiteren Vogel sei hier hingewiesen: Die Heidelerche, deren Bestand an vielen Orten in Deutschland stark rückläufig ist, hat hier noch ein Rückzugsgebiet gefunden.

Start/Ziel: Eingangstafel neben der Schutzhütte im Osten von Govelin, GPS N 53°08.821' E 010°56.297'

4 km

1 Std.

50 m/50 m

35-58 m

ab der Feldlilienpfadhütte weißes Richtungsdreieck auf grünem Grund, stellenweise Wanderwegweiser

Die Tour verläuft zum größten Teil auf guten, unbefestigten Feldwegen.

keine Einkehrmöglichkeit

Rastplatz Feldlilienpfadhütte (km 1,4), Sitzgruppe am Waldrand (km 2,1), Bank (km 2,8)

Wegen der zahlreichen interessanten Informationstafeln ist der Weg auch für Familien mit Kindern gut geeignet.

Für Buggys bietet der Weg keinerlei Probleme.

Hunde dürfen außerhalb der Brut- und Setzzeit (1. April bis 15. Juli) frei laufen.

P am Beginn des Weges an der Schutzhütte im Osten des Dorfes Parkmöglichkeit an der Straße

Linie 8005 Dannenberg – Hitzacker – Dahlenburg, 8032 Clenze – Lüchow – Clenze (Haltestelle in Tollendorf ca. 300 m abseits des Weges)

Eine sehr gute und informative Internetseite zum Feldlilienpfad finden Sie hier: www.lilienpfad.de.

Sie beginnen Ihre Wanderung an der Eingangstafel neben der Schutzhütte und wandern entlang der vor etwa 150 Jahren angelegten schönen Eichenallee mit ihren mächtigen Bäumen nach Osten in Richtung Lilienpfadhütte. Nach etwa 650 m erreichen Sie eine Abzweigung nach rechts ❶. Von dort werden Sie auf dem Rückweg wieder auf diesen Weg stoßen. Bemerkenswert sind auch hier die alten Eichen mit einem Stammumfang, den man nur noch selten sieht.

Sie gehen weiter geradeaus und gelangen nach gut 700 m am Ende des Weges an die ungewöhnlich gebaute und hübsch gestrichene Lilienpfadhütte ❷, die einen schönen Rastplatz und Schutz bei schlechtem Wetter bietet.

☺ Etwas nördlich der Hütte liegen zwei Hünengräber aus der Jungsteinzeit. Auf der Infotafel neben der Hütte finden Sie eine Wegskizze.

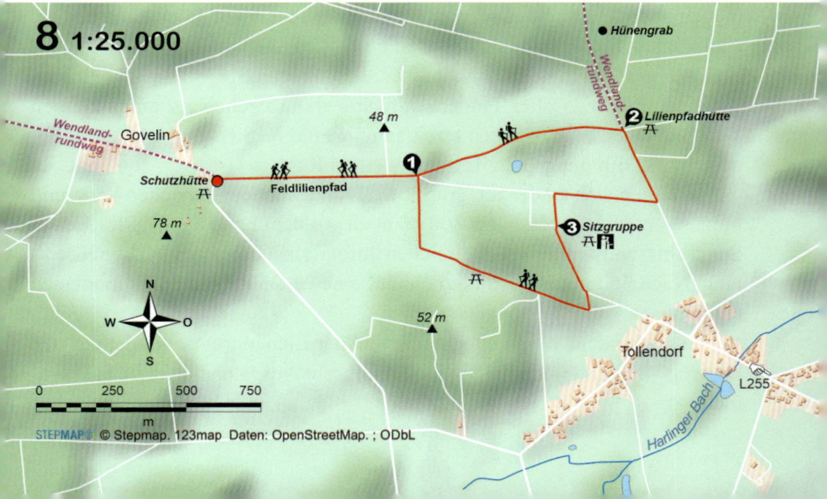

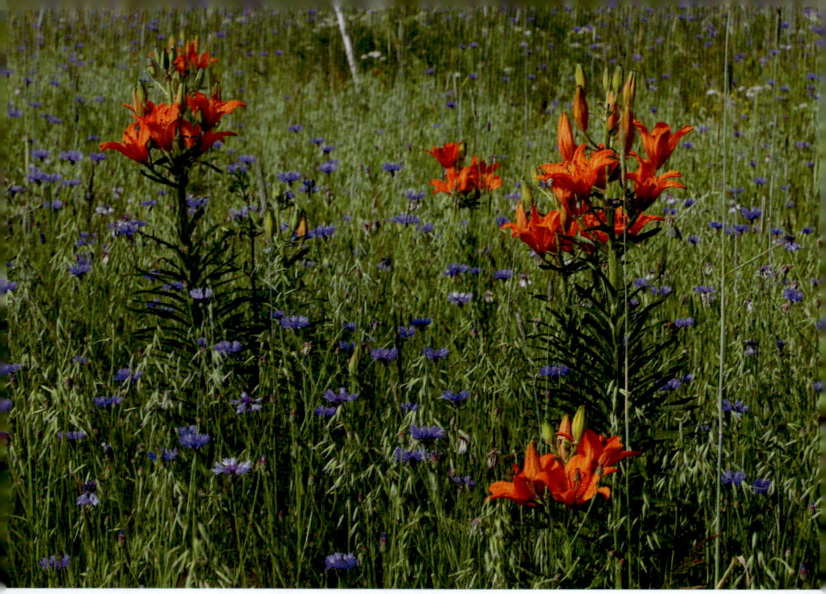

Feldlilien mitten in einer Kornblumenwiese

Hier stoßen Sie auch auf den Wendlandrundweg, dem Sie nun bis zu Ihrem Ausgangspunkt folgen. Sie gehen rechts Richtung Tollendorf weiter, biegen aber schon nach knapp 300 m wieder rechts auf einen Feldweg ab. Links sehen Sie die Häuser des kleinen Dorfes.

Nach gut 300 m heißt es aufpassen. Hier biegen Sie links vom Feldweg auf einen Pfad zwischen Feldern aufwärts ab und gehen auf einen kleinen Wald zu. Oben angekommen erreichen Sie eine ⛼ Sitzgruppe ❸ mit schönem Blick. Ein guter Platz für eine weitere Rast.

Sie halten sich an der Sitzgruppe links und wandern zwischen Wald und Feldern entlang weiter. Nach 300 m, noch vor dem Ende des Waldes, gehen Sie rechts und weiter an zahlreichen Infotafeln vorbei am Waldrand entlang. Nach 350 m stoßen Sie erneut auf eine ⛼ Bank. Auch hier lohnt sich eine Pause.

Sie folgen dem Weg weiter, bis Sie an der Eichengruppe wieder auf den Hinweg stoßen, wo Sie links wieder zu Ihrem Ausgangspunkt zurückkommen.

9 Göhrde: Naturlehrpfad Göhrde

Tour für Käfer-, Natur- und Waldfans

Die kurze Rundtour verläuft durch den dichten Wald des Staatsforstes Göhrde, der mit 75 km² das größte zusammenhängende Mischwaldgebiet Norddeutschlands ist. Früher kaiserlicher Jagdwald, ist die Göhrde heute ein Rückzugsgebiet und Lebensraum für seltene und geschützte Tiere. Mit etwas Glück finden Sie sogar den imposanten Hirschkäfer und mit viel Glück den sehr seltenen und unauffällig lebenden Eremiten, einen Rosenkäfer.

Reizvoll ist aber nicht nur der Naturlehrpfad, auch ein Besuch des Waldmuseums Naturum, ist lohnenswert. Wer vom Laufen noch nicht genug hat, der sollte sich ins Waldlabyrinth wagen, eine anspruchsvolle Strecke auch abseits von Wegen mit einer reinen Gehzeit von etwa 1 Std. Spannende Fragen mit den entsprechenden Antworten helfen, den richtigen Weg durch das Labyrinth zu finden.

Start/Ziel: Parkplatz in der König-Georg-Allee am Naturum, GPS N 53°08.520' E 010°52.901'

5,2 km

1 Std. 45 Min.

70 m/70 m

55-95 m

weißer Hirschkäfer, im ersten Teil zusätzlich ein „X" für den E6 und ein weißer Richtungspfeil auf grünem Grund für den Wendlandrundweg, an wichtigen Kreuzungen Wanderwegweiser

Die Wanderung verläuft zum größten Teil auf meist unbefestigten Forstwegen durch dichten Wald.

Es gibt keine Möglichkeit zur Einkehr.

großer Rastplatz mit Schutzhütte am Naturum (Start/Ziel), Rastplatz Wiekauer Kuhle (km 2,5), darüber hinaus weitere Bänke entlang des Weges

für Familien mit Kindern wegen der interessanten Ausstellung im Naturum, des Waldlabyrinths und der Streckenlänge sehr gut geeignet

nach stärkeren Regenfällen einige schlammige Passagen

Hunde sind nur in der Brut- und Setzzeit (1. April bis 15. Juli) an der Leine zu führen. Trinkmöglichkeit besteht in der Wiekauer Kuhle.

P großer Parkplatz in Göhrde in der König-Georg-Allee gegenüber vom Waldmuseum Naturum

Linie 8005 Dannenberg – Hitzacker – Dahlenburg

☺ Entlang des Weges finden Sie in kürzeren Abständen sogenannte Schaurahmen aus Göhrder Eiche, die den Blick ins Detail weisen sollen. Detaillierte Informationen zu den einzelnen Punkten finden Sie in der Begleitbroschüre, die im Naturum erhältlich ist.

Sie beginnen die Wanderung am Parkplatz und gehen entlang der Straße vorbei am Forstamt Göhrde zum Naturum. Links der Straße finden Sie einen ⛼ Rastplatz und den Eingang zum Waldlabyrinth, rechts liegt das Naturum Göhrde.

Das Naturum Göhrde Waldmuseum

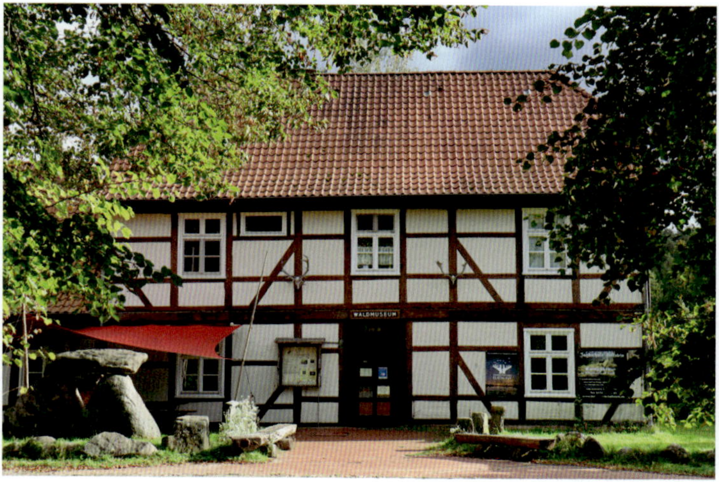

⌘ Naturum Göhrde Waldmuseum, König-Georg-Allee 5, 29473 Göhrde,
☏ 058 55/675, ✉ willkommen@naturum-goehrde.de,
💻 www.naturum-goehrde.de, 🚪 1. April bis 31. Oktober Fr 14:00-18:00, Sa, So und feiertags 11:00-18:00

Der Wanderweg führt noch knapp 100 m weiter entlang der Straße bis zu einer Abzweigung mit Wanderwegweiser am Ortsausgangsschild. Hier verlassen Sie die Straße nach rechts und überqueren den Kateminer Mühlbach (☞ Tour 5), der hier in seinem Quellgebiet nur nach starken Regenfällen Wasser führt und meist nur an der Baum- bzw. Strauchreihe zu erkennen ist. Am Ende des Weges gehen Sie rechts und gelangen an die B216.

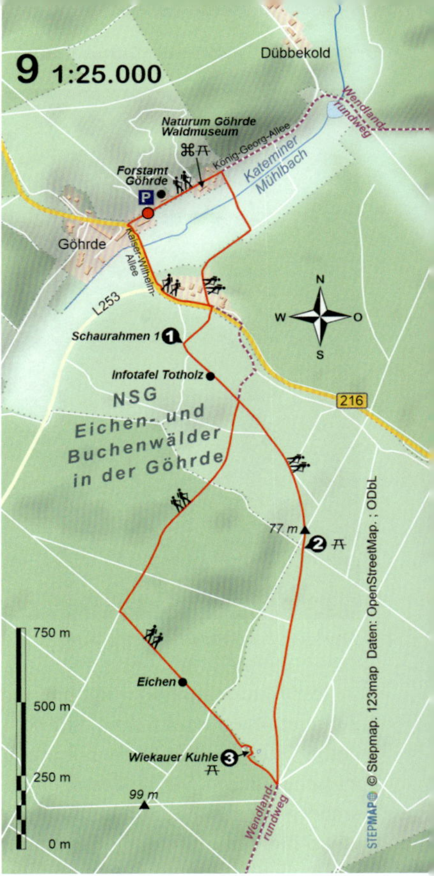

Sie überqueren die Bundesstraße links versetzt und wandern den steilen Waldweg durch dichten Buchenwald aufwärts. Oben angekommen erreichen Sie am Schaurahmen Nr. 1 ❶ eine Mehrfachkreuzung. Sie gehen links weiter und erreichen nach gut 100 m Schaurahmen Nr. 2. Nur ca. 25 m weiter finden Sie rechts etwas abseits des Weges versteckt liegend eine Infotafel zum Thema Totholz mit den Resten einer ehemals wertvollen Eiche, die 1992 während eines Sturms umgestürzt ist.

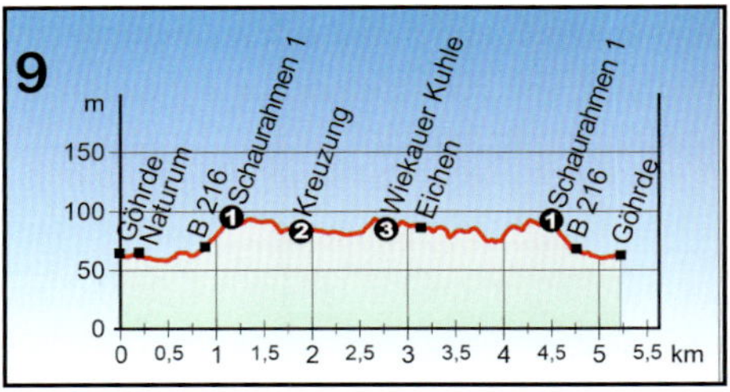

Sie folgen dem Waldweg weiter und gelangen an einer Kreuzung ❷ mit Wanderwegweiser an eine Bank unter einem schönen Nadelbaum.

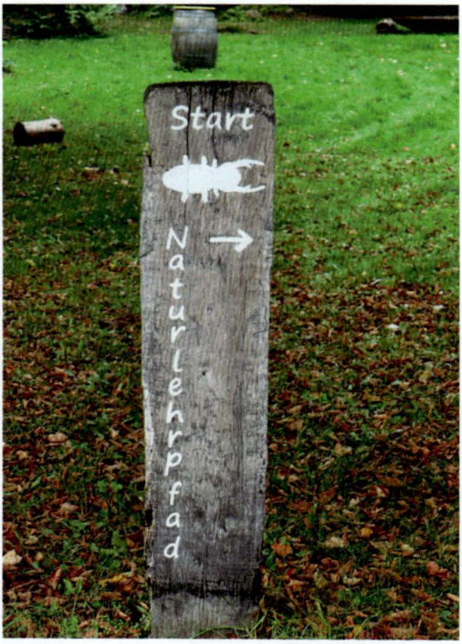

Markierung des Naturlehrpfades

Geradeaus weiter kommen Sie nach nur 70 m an Schaurahmen Nr. 4 schon an die nächste Bank. Etwa 700 m weiter stoßen Sie an einem Wanderwegweiser an einer Mehrfachkreuzung auf einen breiten Forstweg. Der Naturlehrpfad zweigt hier nach rechts vom E6 und vom Wendlandrundweg ab.

Nach etwas mehr als 100 m gelangen Sie an die Wiekauer Kuhle ❸, die ursprünglich die Wasserstelle eines mittelalterlichen Dorfes war und nun ein idyllischer Weiher mit einer mächtigen Eiche mitten im Wald ist. Ein besonders schöner ⛼ Rastplatz, von dem man sich nur schwer wieder trennen kann.

Der Naturlehrpfad zweigt hier rechts vom Forstweg auf einen Pfad ab, der aber schon nach kurzer Strecke wieder auf denselben Forstweg mündet. Sie folgen ihm leicht abwärts und kommen an zwei riesige Eichen, zwischen denen Sie hindurchgehen. An der Kreuzung gut 300 m weiter wenden Sie sich nach rechts auf den grasigen Forstweg und folgen ihm für etwas mehr als 800 m, bis Sie wieder auf die vom Hinweg bekannte Strecke stoßen. Sie gehen links und folgen dem Weg bis zur Bundesstraße.

Dort angekommen kann, wer möchte, auf dem Gehweg entlang der Bundesstraße zurück zum Parkplatz gehen, der nach knapp 500 m erreicht wird. Alle anderen wandern auf der vom Hinweg bekannten Strecke zum Ausgangspunkt zurück.

⑩ Zernien: Breeser Grund

Tour für Natur-, Wald- und Heidefans

Die Wanderung verläuft zum größten Teil durch unterschiedliche Waldtypen in der Göhrde. Neben Nadelwäldern handelt es sich vor allem um Buchen-Eichen- und Birken-Eichen-Wälder. Sie wandern über einen Waldweg, der von riesigen, alten Traubeneichen bestanden ist. Höhepunkt ist der Breeser Grund, ein ehemaliger Hutewald im gleichnamigen Naturschutzgebiet. Hier leben seltene Käfer- und Schmetterlingsarten, Fledermäuse, Spechte und andere Höhlenbewohner. Für Familien mit Kindern bieten das beheizte Freibad in Zernien und die Grillhütte in Riebrau zusätzliche Anreize.

Start/Ziel: Parkplatz am Waldbad, GPS N 53°04.584' E 010°10.113'

9,9 km

2 Std. 30 Min.

auf der ganzen Strecke nur unwesentliche An- und Abstiege

85-105 m

bis zum Breeser Grund keine Markierung, dann ein „X" für den Europäischen Fernwanderweg E6 und ein weißer Richtungspfeil auf grünem Grund für den Wendlandrundweg

Die Wanderung erfolgt fast ausschließlich auf unbefestigten Forstwegen, von Klöterhörn bis zum Ziel wandern Sie etwa 800 m entlang einer kaum befahrenen Asphaltstraße.

direkt am Weg nur der Kiosk am Waldbad am Start/Ziel (wie Waldbad), ansonsten mehrere Möglichkeiten etwa 1 km entfernt in Zernien

Sitzmöglichkeit auf einem Baumstamm (km 5,5), Bank (km 5,8), Haus im Wald (km 7), Grillhütte Riebrau (km 7,8), Wartehäuschen Klöterhörn (km 8,9)

Edeka-Markt in Zernien kurz hinter dem Bahnübergang in etwa 1 km

Waldbad am Start/Ziel

Für Familien mit Kindern ist die Wanderung wegen des beheizten Freibades und der Grillmöglichkeit gut geeignet.

An einigen wenigen Stellen ist der Weg sandig.

Hunde sind außerhalb des NSG nur in der Brut- und Setzzeit (1. April bis 15. Juli) an der Leine zu führen.

P großer Parkplatz am Waldbad am nördlichen Ortsrand von Zernien

Linie 8010 Uelzen – Dannenberg, 8032 Clenze – Lüchow – Clenze

Sie starten die Wanderung auf dem Parkplatz vor dem Waldbad Zernien.

Waldbad Zernien, Am Waldbad 23, 29499 Zernien, ☏ 058 63/13 01, Mai bis Anfang September Mo bis Fr 13:00-20:00, Sa, So und an Feiertagen ab 11:00

Sie verlassen den Parkplatz und gehen nach links bis zur Hauptstraße, die Sie überqueren. Dahinter finden Sie zwei unbefestigte Forstwege. Sie wählen den rechten und folgen ihm vorbei an einer großen, links liegenden Lichtung. Etwa 400 m hinter der Lichtung stoßen Sie auf einen weiteren Forstweg, dem Sie nach schräg links folgen. Sie wandern nun auf einem schönen Weg, der von mächtigen, uralten Traubeneichen gesäumt ist. Dahinter erstreckt sich ein dichter, junger Eichenwald.

Nach etwa 1,5 km gelangen Sie an einer Kreuzung in das NSG Breeser Grund ❶. Sie gehen weiter geradeaus, bis Sie nach gut 1 km an eine größere Kreuzung kommen, wo Sie nach rechts gehen. Der Weg, rechts und links mit Heide bestanden, führt jetzt leicht bergab in ein flaches Tal. Nach knapp 800 m haben Sie die Talsohle erreicht, wo Sie auf eine Mehrfachkreuzung stoßen. Hier folgen Sie dem „X" und dem weißen Richtungspfeil scharf rechts vorbei an einem Wanderwegweiser.

Totholz in der Breeser Heide

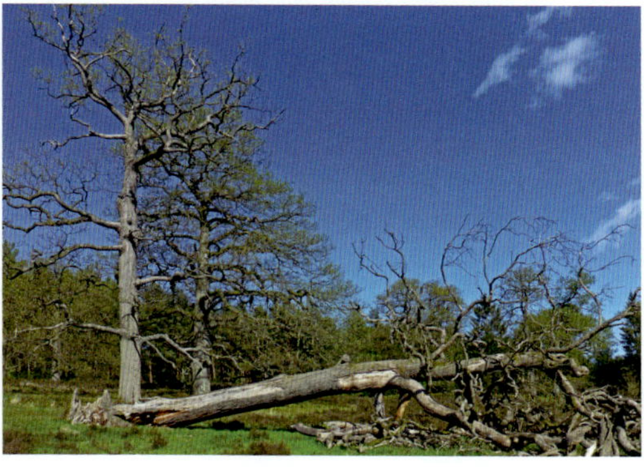

Wenige Schritte weiter öffnet sich vor Ihnen der Breeser Grund ❷, ein lang gestrecktes Tal mit Heide, vereinzelten Traubeneichen und den bizarren Überresten umgestürzter Bäume. Ein wunderbarer Anblick und eine ausgesprochen schöne

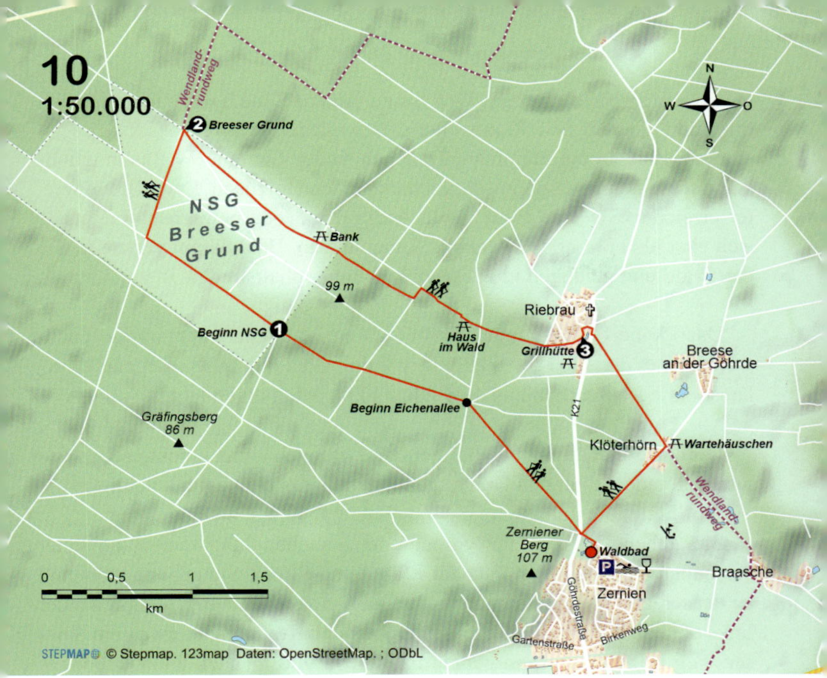

Wanderung durch den stark verlichteten und mit viel Heide bestandenen ehemaligen Hutewald. Leider gibt es bis auf einige umgefallene Baumriesen keine Sitzmöglichkeiten.

Hutewälder entstanden durch die Nutzung eines Waldes als Schweine-, Rinder- oder Pferdeweide. Da die Tiere die auf dem Boden liegenden schmack- und nahrhaften Bucheckern und Eicheln fraßen, konnten keine neuen Bäume nachwachsen. Die großen Bäume blieben stehen, der Wald wurde im Laufe der Zeit lichter und glich mehr und mehr einer Parklandschaft. Hinzu kam, dass die Tiere auch an den alten Bäumen alles abfraßen, was sie erreichen konnten, sodass eine gerade Unterkante von Ästen und Laub entstand.

Nach etwa 1,2 km erreichen Sie an einer Kreuzung mit einem Wanderwegweiser eine Bank. Hier endet der Breeser Grund. Sie gehen geradeaus in den Wald und folgen dem Weg bis zu seinem Ende. Dort halten Sie sich links und wenden sich 50 m weiter gleich wieder nach rechts.

Sie passieren ein Steinhaus. Daneben finden Sie eine ⊼ Rastmöglichkeit auf Hockern aus Baumstämmen und einen Holztisch. Etwa 100 m weiter erreichen Sie eine Bank. Vollständig mit Moos bewachsen bietet sie sich eher als Fotomodell denn als Ruheplatz an. Bald darauf verlassen Sie den Wald und gelangen in Riebrau auf eine Asphaltstraße.

Das kleine Dorf Riebrau gehört zu Zernien. Sehenswert ist die Fachwerkkirche, die 1763 fertiggestellt wurde. Auch das nahe gelegene Pfarrhaus, ein Fachwerkbau aus dem Jahre 1734, lohnt einen Blick.

Dort, wo die Asphaltstraße rechtwinklig nach links knickt, gehen Sie weiter geradeaus auf den Grasweg, auf dem Sie nach wenigen Schritten die ⊼ Grillhütte ❸ erreichen.

Sie gehen links an ihr vorbei und erreichen kurz darauf an einer Asphaltstraße einen Rastplatz für Pferde und Reiter. Sie gehen rechts und an der Kreisstraße erneut nach rechts, biegen aber nach 10 m schon wieder links auf einen anfangs mit Kopfsteinpflaster befestigten Feldweg ein. Dieser Weg bringt Sie schnurgerade nach etwa 900 m nach Klöterhörn, ein kleines, zu Zernien gehörendes Dorf, das sich früher an einer wichtigen Wegkreuzung befand, heute aber fernab der großen Verkehrsadern liegt. In Klöterhörn treffen Sie an einer Kreuzung mit Buswartehäuschen und Wanderwegweiser auf die nach Zernien führende Straße.

Sie verlassen hier den markierten Wanderweg und gehen rechts entlang der einspurigen, kaum befahrenen Asphaltstraße Richtung Zernien. Unmittelbar vor der Kreisstraße stoßen Sie auf den bereits bekannten Weg, gehen kurz links und sind gleich darauf an der Einfahrt zum Parkplatz am Waldbad, wo Sie die Wanderung mit einer Erfrischung am Kiosk oder einem kühlenden Bad abschließen können.

Östliche Elbtalaue

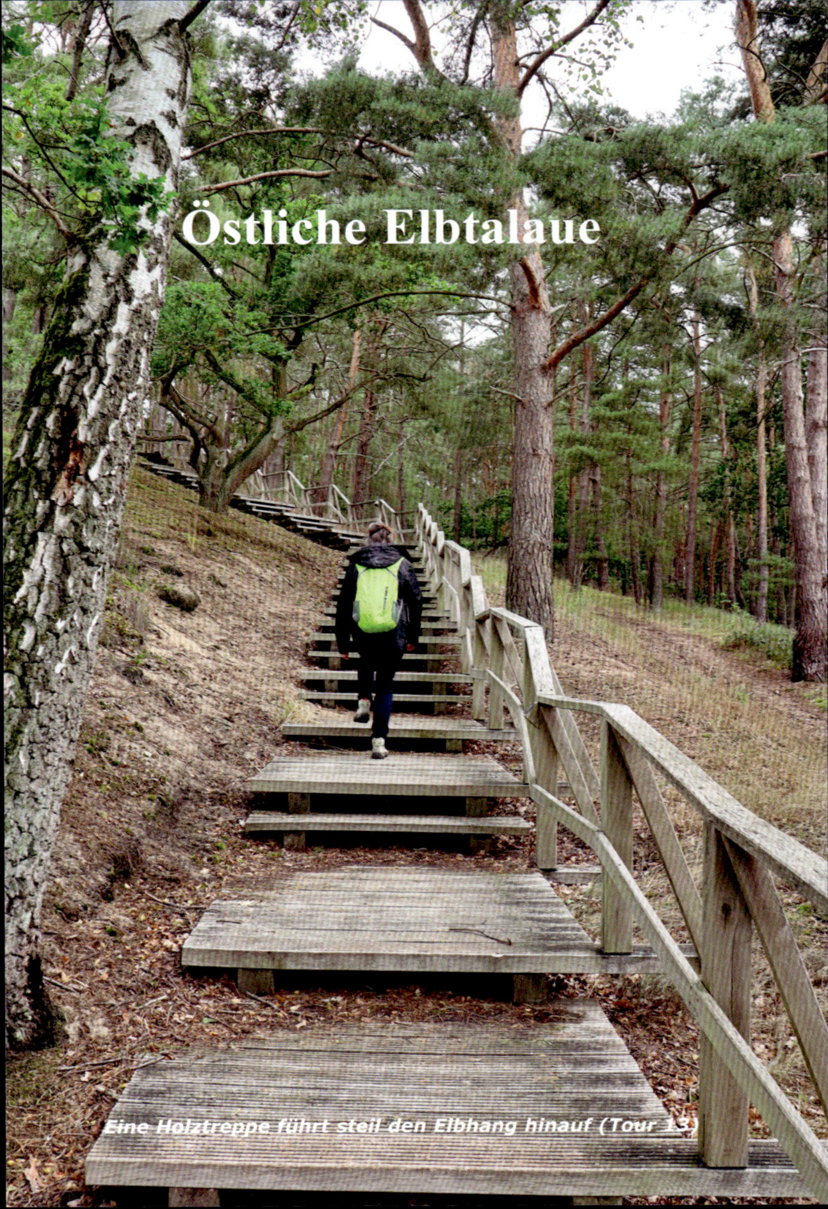

Eine Holztreppe führt steil den Elbhang hinauf (Tour 13)

⑪ Damnatz: Elbtalauen und Marschland

Tour für Naturliebhaberinnen und Naturliebhaber

Die Rundtour verläuft zunächst mit schönem Blick auf die Elbtalauen auf dem Deich und dann durch die Marsch. Sie führt an wertvollen Kleingewässern entlang, ehemaligen Bodenentnahmestellen, die im Zuge des Deichbaus entstanden sind. Die inzwischen regenerierten Gewässer haben große Bedeutung für verschiedene Brutvögel wie z. B. Knäkente oder Zwergtaucher. Wenn Sie Glück haben, können Sie auch die in Deutschland vom Aussterben bedrohte Trauerseeschwalbe beobachten, die in den Gewässern nach Nahrung sucht. Lebensraum bieten die Gewässer auch zahlreichen Froschlurchen, darunter der gefährdeten Rotbauchunke und dem Laubfrosch.

Start/Ziel: Elbdeich am Hotel Steinhagen, GPS N 53°07.865' E 011°10.811'

10,1 km

2 Std. 30 Min.

Die einzigen Höhenunterschiede bietet der An- und Abstieg vom Deich.

15-20 m

nur auf dem Deich ein „E" für den Elbhöhenweg

Die Wanderung verläuft auf der teilweise befestigten Krone des Elbdeichs sowie auf befestigten und unbefestigten Wirtschaftswegen. Zwei kurze Abschnitte führen entlang der wenig befahrenen Elbuferstraße.

Hotel/Restaurant Steinhagen am Ausgangspunkt

Sehr schöner Rastplatz mit Schutzhütte, Spielplatz und Büchertauschzelle direkt an Start und Ziel, Rastplatz Kamerun (km 0,9), Buswartehäuschen (km 6,5), Rastplatz Damnatz Kirche (km 9,5)

Am Start/Ziel sorgt ein Spielplatz für Abwechslung.

Für Buggys gibt es bei dieser Rundtour keinerlei Probleme.

Hunde sind auf dem größten Teil des Weges an der kurzen Leine zu führen.

Parkplatz am Ausgangspunkt neben dem Hotel/Restaurant Steinhagen

Linie 8070 Dannenberg – Gartow - Schnackenburg, 8080 Dömitz – Dannenberg

Sie starten am Park-, Spiel- und Rastplatz neben dem Hotel/Restaurant Steinhagen.

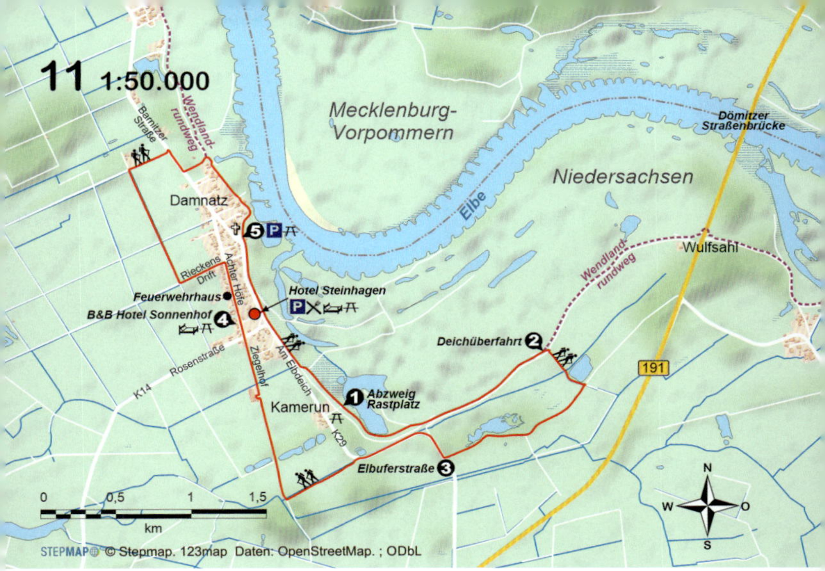

Hotel/Restaurant Steinhagen, Am Elbdeich 6, 29472 Damnatz, ☏ 058 65/554, info@hotelsteinhagen.de, www.hotelsteinhagen.de, Hotel ganzjährig, Restaurant: April bis September täglich von 11:30-22:00, Mo erst ab 17:00 (Küche bis 20:00), März und Oktober Mo geschlossen, November bis Februar Mo, Di und Mi geschlossen

Die Wanderung beginnt mit einem „heftigen" Aufstieg auf den Deich

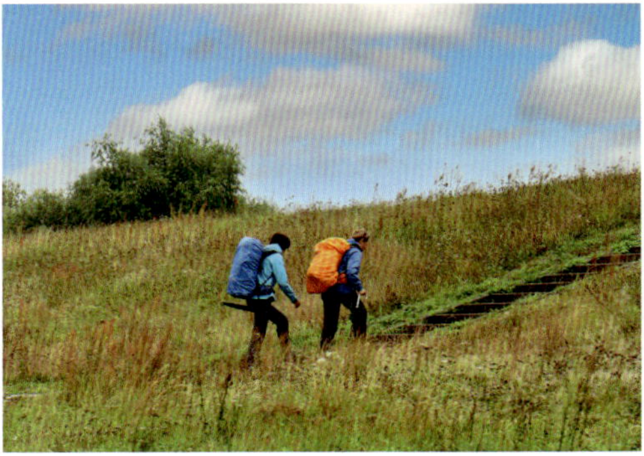

Auf einer Treppe steigen Sie auf den Deich und gehen rechts in südöstlicher Richtung weiter. Nach links haben Sie einen schönen Blick auf das mit Gewässern übersäte Elbvorland und den dahinter fließenden Strom. Auf dem Deich wandern Sie an dem zu

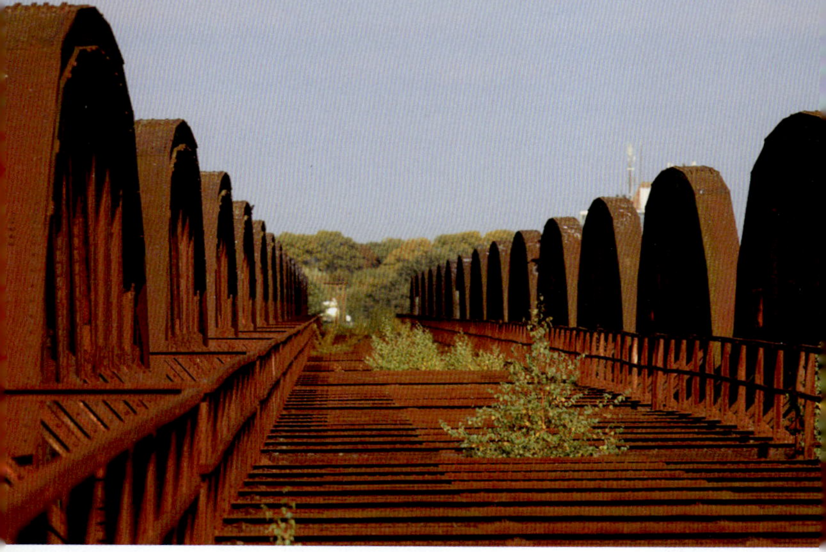

Die alte Eisenbahnbrücke bei Damnatz

Damnatz gehörenden Dorf Kamerun vorbei. Hier finden Sie etwas abseits vom Deich direkt an der Straße einen kleinen ⴷ Rastplatz ❶. Sie folgen dem Deich um eine Linkskurve und treffen dahinter auf eine Deichüberfahrt mit Radwegweiser. Voraus ist der Bogen der Dömitzer Straßenbrücke zu sehen. Sie wandern weiter auf der gepflasterten Deichkrone.

Etwa 900 m weiter an der nächsten Deichüberfahrt ❷ verlassen Sie den Deich nach rechts auf einen unbefestigten Feldweg. Vorbei an einem hinter Bäumen und Büschen verborgenen Gewässer gelangen Sie an eine Kreuzung. Sie gehen rechts und folgen dem unbefestigten Weg an mehreren Gewässern entlang, bis Sie nach etwas mehr als 1 km an die nach Damnatz führende Elbuferstraße ❸ gelangen. Hier gehen Sie rechts und folgen der Straße bis zu einer Infotafel über amphibische Welten.

Knapp 100 m dahinter verlassen Sie in einer Rechtskurve die Straße nach links auf einen Feldweg, der auf einen kleinen Nadelwald zuführt. Am Ende des Weges gehen Sie rechts auf den Plattenweg.

Sie wandern nun durch landwirtschaftlich genutzte Flächen, passieren einen Schweinestall mit einem großen Futtersilo und gelangen wieder nach Damnatz.

Sie überqueren geradewegs die Rosenstraße (K14), passieren wenig weiter eine Bushaltestelle mit einem Wartehäuschen und stehen gleich dahinter vor dem Hotel Sonnenhof ❹. Rechts können Sie wieder zu Ihrem Ausgangspunkt am Hotel/Restaurant Steinhagen gelangen.

Zunächst wandern Sie aber noch die Straße weiter, vorbei am Gerätehaus der Freiwilligen Feuerwehr Damnatz. Gut 200 m hinter dem Feuerwehrhaus gehen Sie links Richtung Modellflugplatz.

300 m weiter biegen Sie an zwei markanten Eichen rechts auf einen Feldweg ab. Nach 300 m kreuzen Sie eine Asphaltstraße. Hier gehen Sie noch geradeaus. Nach weiteren 500 m gelangen Sie erneut an eine Asphaltstraße, der Sie nach rechts bis zur Elbuferstraße folgen müssen.

Sie gehen rechts und am Ortseingangsschild links in die Sackgasse, an deren Ende Sie auf den Elbdeich gelangen. Hier wenden Sie sich nach rechts. Sie passieren einige schöne, teilweise sehr alte Fachwerkhäuser und den Elbpegel Damnatz, der vom Wasser- und Schifffahrtsamt Lauenburg betrieben wird, und gelangen an einen Park- und Rastplatz an der Damnatzer Kirche ❺.

Damnatzer Kirche

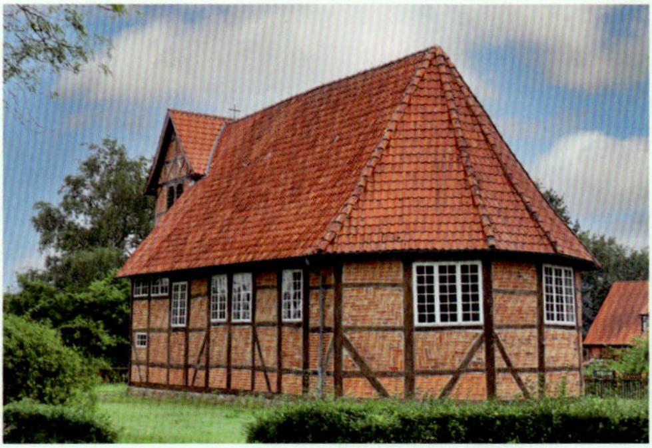

Bereits für das Jahr 1386 wird für Damnatz eine Kirche urkundlich erwähnt, von der allerdings nichts mehr bekannt ist. Der heutige Fachwerkbau mit dem vorgesetzten rechteckigen Turm stammt aus dem Jahr 1617. Es lohnt auch ein Blick in die Kirche. Die ist zwar meist verschlossen, den Schlüssel erhalten Sie aber in den Hotels Steinhagen oder Sonnenhof.

Vom Rastplatz an der Kirche wandern Sie weiter auf dem Deich, bis Sie nach 550 m wieder an Ihrem Ausgangspunkt angelangt sind.

⓬ Gorleben: Rund um Gorleben

Tour für Naturverbundene und an aktueller Zeitgeschichte Interessierte

Die Wanderung verläuft zunächst durch dichten Nadelwald und im letzten Teil durch die offene, landwirtschaftlich genutzte Fläche der Elbmarsch. Sie führt vorbei an einer der umstrittensten Anlagen Deutschlands: dem Atommüllzwischenlager Gorleben und dem Erkundungsbergwerk für ein Atommüllendlager. Dort finden Sie auch die störungsaktive Zone, den Versammlungsort der Atomenergiegegner mit der Beluga, dem ausgedienten Greenpeaceschiff, als Mahnmal.

In der Elbmarsch lohnt ein Abstecher zum Ufer der Elbe. Auf den Wiesen können Sie zahlreiche Vogelarten beobachten. Besonders beeindruckend sind im Winter die nordischen Wildgänse und Singschwäne, die hier Quartier beziehen.

Start/Ziel: an der Hauptstraße vor dem Hotel/Restaurant Kaminstube in Gorleben, GPS N 53°02.889' E 011°11.261'

10,1 km

2 Std. 30 Min.

keine nennenswerten An- oder Abstiege

15-35 m

weiße Schilder des Deutschen Volkssportverbandes DVV mit Richtungspfeil

Die Tour führt nur zu Beginn und am Ende entlang asphaltierter Autostraßen, ansonsten über Forst- und Wirtschaftswege.

Neben dem Hotel/Restaurant Kaminstube am Ausgangspunkt der Wanderung gibt es noch weitere Hotels/Restaurants in Gorleben.

Rastplatz störungsaktive Zone (km 3,3)

Abgesehen von dem Greenpeaceschiff Beluga bietet der Weg keine besonderen Attraktionen für Kinder.

Der Weg ist an sich gut für Buggys geeignet, allerdings können die Waldwege nach Regenfällen sehr morastig sein.

Hunde dürfen außerhalb der Brut- und Setzzeit (1. April bis 15. Juli) frei laufen.

P Parkstreifen gegenüber vom Hotel/Restaurant Kaminstube an der Hauptstraße in Gorleben

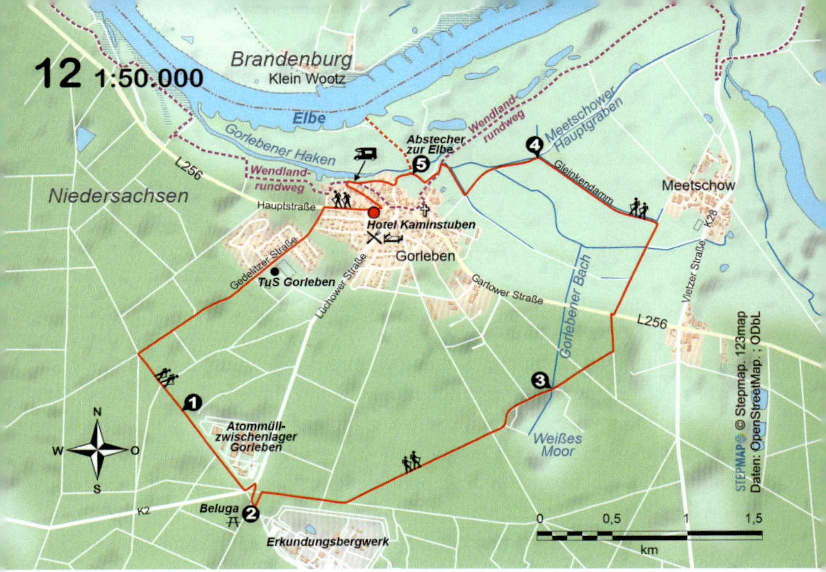

Linie 8070 Dannenberg – Gartow – Schnackenburg

Gorleben gehört zur Samtgemeinde Gartow und wurde 1360 erstmals urkundlich erwähnt. Sehenswert ist die Kapelle aus der Mitte des 17. Jahrhunderts, die unter Denkmalschutz steht. Mit den sie umgebenden Bäumen gibt sie ein prächtiges Bild ab. Einen Besuch lohnt auch der kleine, gemütliche Sportboothafen für 40 Boote, der geschützt im Gorlebener Haken, einem Nebenarm der Elbe, liegt.

Der Ort ist Teil einer strukturschwachen Region, gehört aber dennoch zu den reichsten Gemeinden in Niedersachsen – eine Folge der Ansiedlung der Atomanlagen, von der Gorleben in der Vergangenheit finanziell stark profitiert hat. Vielleicht mag das auch der Grund dafür sein, warum man überall in den umliegenden Ortschaften massenweise gelbe Protestkreuze sieht, diese in Gorleben aber bis auf wenige Ausnahmen vergeblich sucht.

Der Ausgangspunkt der Rundwanderung liegt an der Hauptstraße direkt am Hotel/Restaurant Kaminstube.

Hotel/Restaurant Kaminstube, Hauptstr. 11, 29475 Gorleben, 058 82/98 75 60, post@kaminstube-gorleben.de, www.kaminstube-gorleben.de, Restaurant: täglich 11:00-14:30 und ab 17:00, Di Ruhetag, Hotel: täglich geöffnet. Das Hotel steht zum Verkauf, der Besitzer sucht einen neuen Betreiber. Bei Drucklegung des Buches war es noch nicht absehbar, ob und in welcher Form der Betrieb aufrechterhalten wird.

Sie gehen entlang der Landstraße in westlicher Richtung. Nach 300 m, gleich hinter der Bushaltestelle, geht es links ab. Folgen Sie hier den Hinweisen Richtung Sportplatz. Sie laufen am Sportgelände des TuS Gorleben vorbei und gelangen in einen Kiefernwald, wo Sie auf dem unbefestigten Forstweg weiterwandern und gut 1 km hinter dem Sportplatz eine Mehrfachkreuzung erreichen. Ein gelber Pfahl mit rotem Oberteil zur Kennzeichnung einer Ferngasleitung markiert den Ort. Hier biegen Sie rechtwinklig links ab.

Knapp 500 m weiter erreichen Sie einen Zaun ❶, der den Beginn des Geländes des Atommüllzwischenlagers Gorleben kennzeichnet.

Das gelbe Kreuz, hier eine Miniaturausgabe, signalisiert den Atomgegner-Protest

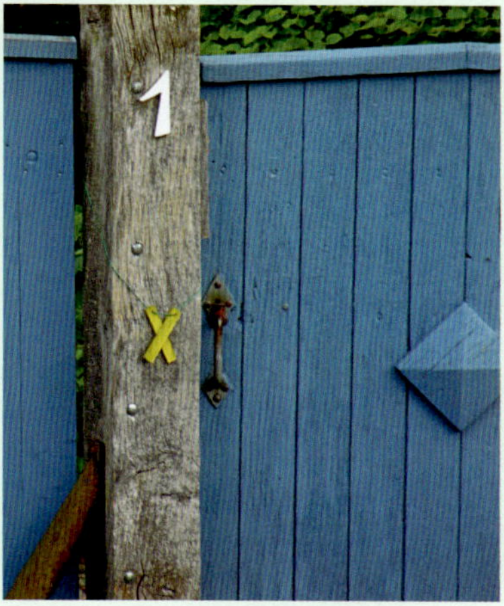

Im Atommüllzwischenlager werden Transportbehälter (Castoren) mit abgebrannten Brennelementen und hoch radioaktiven Abfällen in einer oberirdischen Betonhalle gelagert, bis ein geeignetes Endlager zur Verfügung steht. Die Atommülltransporte aus dem französischen La Hague, wo diese Abfälle aus deutschen Kernkraftwerken aufgearbeitet werden, sorgen immer wieder für heftige Proteste und Demonstrationen. Im Wendland sind die an vielen Orten aufgestellten gelben Kreuze sichtbares Signal des Protestes der Bürgerinnen und Bürger.

Sie wandern an dem Gelände vorbei, von dem vom Weg außer einem hohen Turm nichts zu sehen ist. Am Ende des Zwischenlagers stoßen Sie auf die Kreisstraße K2. Sie können hier direkt auf den großen ⩩ Rastplatz ❷ mit einer Schutzhütte jenseits der Straße im Zugangsbereich zum Erkundungsbergwerk für das Atommüllendlager Gorleben gehen.

1977 wurde der unterirdische Salzstock bei Gorleben von der damals SPD-geführten Bundesregierung unter Helmut Schmidt und der niedersächsischen CDU-Landesregierung unter Ernst Albrecht als Endlager für radioaktiven Atommüll bestimmt und ein Erkundungsbergwerk errichtet. Allerdings war die Eignung des Salzstocks nicht nur unter Geologinnen und Geologen stark umstritten. Inzwischen haben weitere geologische Expertisen dazu geführt, dass Gorleben als Atommüllendlager nicht infrage kommt und so wurde 2021 beschlossen, das Erkundungsbergwerk endgültig zu schließen. Damit ist das Kapitel Endlager Gorleben endgültig erledigt und mit dem Rückbau, der 10 Jahre dauern soll und eine dreistellige Millionensumme verschlingen wird, soll zeitnah begonnen werden.

Auf dem Gelände finden Sie auch die Beluga. Das ausgediente Schiff von Greenpeace ist heute Mahnmal gegen die Gefahren der Atomindustrie.

Die Beluga am Erkundungsbergwerk in Gorleben

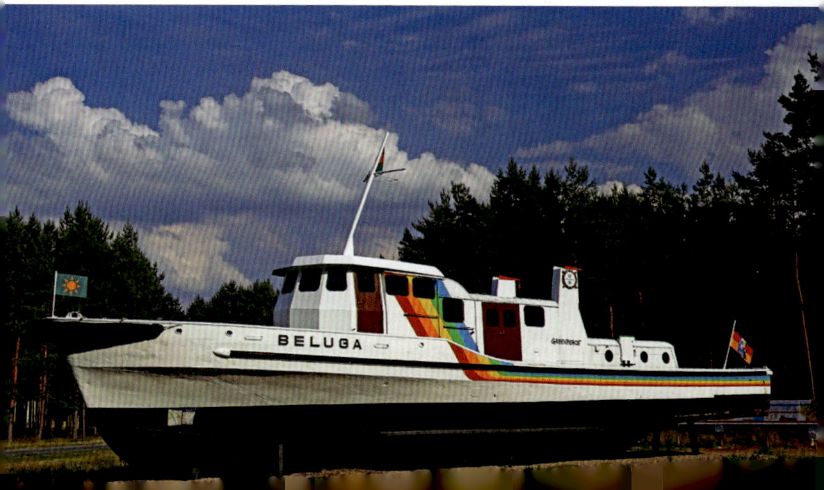

Das Gelände wird von AKW-Gegnerinnen und -Gegner als Versammlungs-, Informations- und Besinnungsort genutzt und als „störungsaktive Zone" bezeichnet.

Greenpeace (💻 www.greenpeace.de) ist eine weltweit operierende gemeinnützige Umweltorganisation, die mit direkten und gewaltfreien Aktionen für den Schutz der natürlichen Lebensgrundlagen von Mensch und Natur kämpft. Die Organisation arbeitet unabhängig von Regierungen, Parteien und wirtschaftlichen Interessengruppen und finanziert sich rein aus Spenden der weltweit fast 3 Millionen Unterstützerinnen und Unterstützer. Mitmachen kann jeder in den 105 regionalen Greenpeace-Gruppen in Deutschland und im Team50plus für ältere aktive Menschen.

Der Wanderweg führt nördlich des mit einem furchteinflößenden Zaun gesicherten Geländes des Erkundungsbergwerkes auf einem geschotterten Forstweg in östlicher Richtung durch einen Kiefernwald weiter. Etwa 600 m hinter dem Rastplatz biegen Sie an einer gut markierten Stelle links ab. An der Kreuzung nach etwa 1 km gehen Sie geradeaus, halten sich an

Am Ende des Winters ist das Deichvorland bei Gorleben oft überschwemmt

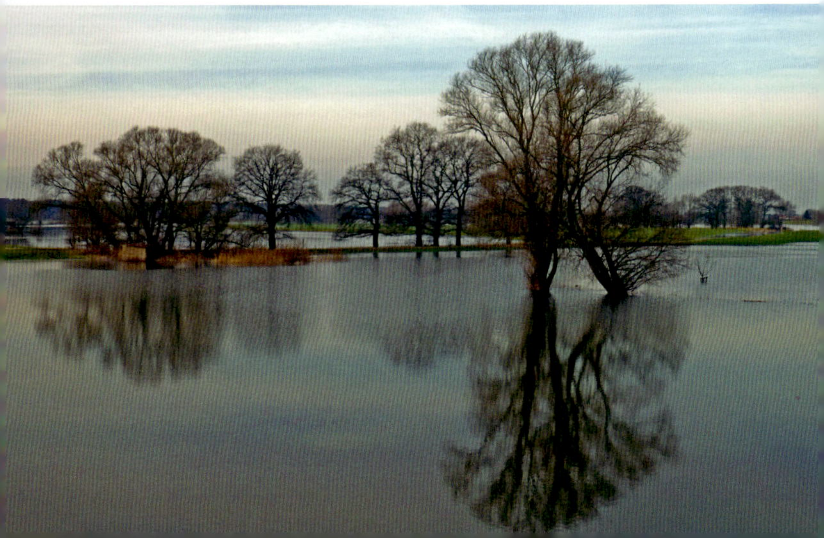

der kurz darauf folgenden Gabelung links und erreichen das sogenannte Weiße Moor, das heute allerdings nur noch eine große Grünfläche ist. Wenig später überqueren Sie an einem Hochsitz den Gorlebener Bach ❸. Halten Sie sich dahinter links. An der Kreuzung 200 m weiter gehen Sie geradeaus und gelangen nach weiteren 200 m erneut an eine Kreuzung. Hier gehen Sie links bis an die viel befahrene Landstraße L256.

Sie überqueren die Straße, verlassen den Wald und gehen hinein in die Elbmarsch, die hier überwiegend landwirtschaftlich genutzt wird. Rechts voraus können Sie den Sendemast auf dem Höhbeck sehen. Die Kreuzung nach etwa 500 m überqueren Sie geradeaus, gehen aber knapp 200 m weiter an einer riesigen Eiche gut 100 m vor einem zu Meetschow gehörenden Bauernhof nach links auf einen asphaltierten Wirtschaftsweg, der Sie bis an den Meetschower Hauptgraben ❹ bringt. Hier halten Sie sich links und folgen dem Wirtschaftsweg, der sich in einer leichten Linkskurve wieder vom Graben entfernt. 200 m weiter gelangen Sie an eine Kreuzung. Sie gehen am Graben entlang nach rechts auf den Elbdeich zu. Am Deich angelangt gehen Sie auf dem befestigten Weg über den Deich, von dem Sie einen schönen Blick auf das Elbvorland und die dahinter ruhig dahinfließende Elbe haben, und folgen der Straße nach links. Etwa 100 m hinter einer Rechtskurve zweigt nach rechts ein asphaltierter Weg ❺ ab.

↬ Wenn Sie diesem Weg folgen, erreichen Sie nach 500 m das Ufer der Elbe. Für diejenigen, die es nicht eilig haben, ein lohnender Abstecher, der aber nur bei normalem Wasserstand möglich ist. Führt die Elbe Hochwasser, steht der Weg unter Wasser.

Der Wanderweg führt weiter geradeaus und wenig weiter erreichen Sie die ersten Häuser von Gorleben. Gleich nach den ersten beiden biegen Sie rechts ab auf den Forsthausweg. An der Ecke können Sie ein Storchennest sehen. Eine Hinweistafel klärt über Bruterfolge der letzten Jahre auf.

Sie gehen weiter bis zum kleinen Hafen, 🚐 der für Wohnmobile im Sommer schöne Stellplätze bietet. In Höhe der Brücke, die auf die schwimmenden Anleger führt, gehen Sie links, wo Sie gleich die Ringstraße erreichen. Hier halten Sie sich ebenfalls links. Nach knapp 300 m kommen Sie wieder zur L256, die Sie rechts nach wenigen Metern an Ihren Ausgangspunkt bringt.

⑬ Höhbeck: Aussichtsreiche „Bergwanderung“ auf einer eiszeitlichen Geestinsel

Tour für Naturliebende und Geschichtsinteressierte

Die Rundtour führt um den Höhbeck, eine etwas mehr als 70 m hohe, in der Eiszeit entstandene Geestinsel, die sich deutlich aus der Elbtalaue emporhebt. Wer die fast 100 Stufen des hölzernen Aussichtsturms an Start und Ziel hinaufsteigt, hat einen unvergleichbaren Panoramablick weit in die Landschaft hinein, und der Kaffeegarten Schwedenschanze ist ein beliebtes Ausflugslokal. Für Geschichtsinteressierte sind die auf dem Weg liegende Vietzer Schanze und die Schwedenschanze, die zusammen die Festung Höhbeck bildeten, ein historisches Highlight. Der erstklassig ausgebaute Wanderweg bietet mehrere schöne Rastmöglichkeiten. An zahlreichen Informationstafeln am Weg erfahren Sie Wissenswertes über Natur und Landschaft sowie die Geschichte der Region. Obwohl keine wirkliche Bergwanderung, sind auf der Tour doch einige An- und Abstiege zu bewältigen.

Start/Ziel: Park- und Rastplatz am Aussichtsturm, GPS N 53°04.324' E 011°26.294'

4,4 km

1 Std. 15 Min.

105 m/105 m

20-70 m

im zweiten Teil ab Rastplatz Grillhütte „E“ für den Elbhöhenweg

Bis auf zwei kürzere Abschnitte verläuft die Tour auf guten Waldwegen und -pfaden.

Kaffeegarten Schwedenschanze (etwa 100 m von Start und Ziel entfernt)

Rastplatz am Aussichtsturm am Start/Ziel, Rastplatz Grillhütte (km 2,4), Rastplatz Elbblick (km 2,5), Vietzer Schanze (km 3,1)

Wegen des Aussichtsturms, des Rastplatzes mit Grillmöglichkeit, des Geländes am Kastell und der vielen interessanten Informationstafeln ist die Tour auch für Familien mit Kindern geeignet.

Mehrere steile Passagen, stellenweise mit Stufen, machen den Weg für Buggys ungeeignet.

Hunde sind auf dem gesamten Weg an der kurzen Leine zu führen.

P großer Parkplatz auf dem Höhbeck direkt am Aussichtsturm

Linie 8060 Lüchow – Gartow – Vietze, 8070 Dannenberg – Gartow – Schnackenburg

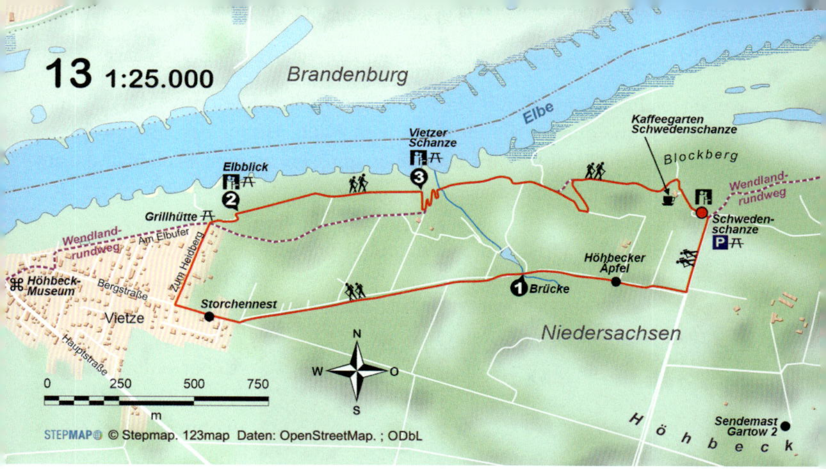

Sie starten die Wanderung am Parkplatz Schwedenschanze wenige Schritte von dem gleichnamigen Kaffeegarten entfernt. Der hohe hölzerne Aussichtsturm bietet einen fantastischen Panoramablick und bei schönem Wetter ist der Rastplatz ein beliebtes Ziel bei Ausflüglern. Sie wandern entlang der Asphaltstraße in südlicher Richtung. Links voraus steht der Sendemast Gartow 2, der mit einem zweiten, inzwischen abgebauten Mast zu DDR-Zeiten die Telefonverbindungen zwischen Westberlin und der Bundesrepublik sicherstellte.

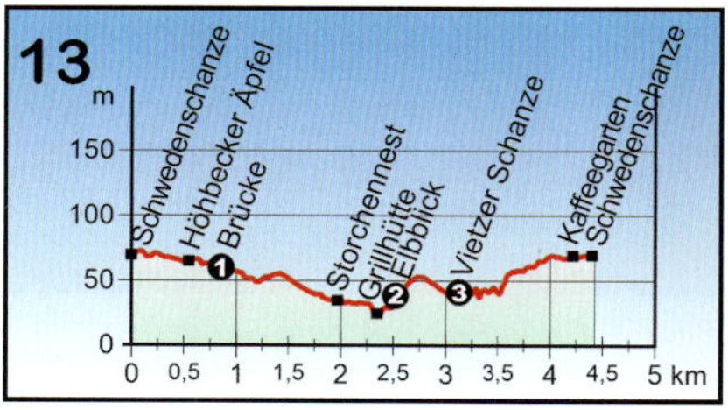

Wenn Sie über die Asphaltstraße in Richtung Süden schauen, sehen Sie, dass das Gelände in besonderer Weise aufgefaltet ist. Diese sogenannten Teppichfalten sind während der Eiszeit entstanden. Eine Informationstafel links gibt nähere Auskunft.

Gleich nach dieser Tafel gehen Sie rechts ab auf einen Pfad Richtung Vietze, der an weiteren Infotafeln vorbei auf einen Forstweg führt, dem Sie weiter in westlicher Richtung folgen. Etwa 250 m nach dem Abzweig von der Asphaltstraße passieren Sie eine Einfahrt. Hier werden an einem Stand je nach Jahreszeit Höhbecker Äpfel zum Kauf angeboten. Der Weg führt weiter leicht abwärts durch einen schönen lichten Kiefernwald. Auf einer Brücke ❶ überqueren Sie einen kleinen Bach. Hinter der Brücke folgen Sie weiter dem Forstweg, bis er nach knapp 1 km an eine Asphaltstraße am Ortseingang von Vietze stößt.

Vietze, größter Ortsteil der Gemeinde Höhbeck, liegt direkt an der Elbe. Bis zum Ende des Zweiten Weltkriegs war der Fluss die Lebensader des Ortes. Fast jeder Einwohner hatte etwas mit der Binnenschifffahrt zu tun, ob als Reeder, Kapitän oder Matrose. Davon künden heute noch die vielen Masten, Anker und Ruder, die in den gepflegten Vorgärten stehen. Neben der schönen Lage ist das Höhbeck-Museum erwähnenswert. Das Museum zur Geschichte des Fischerdorfs Vietze, das seine Anfänge bereits 1935 nahm, ist im alten Schulhaus untergebracht. Sehenswert ist auch die etwas außerhalb des Ortes stehende gotische Feldsteinkapelle mit ihrer Kanzel aus dem Jahr 1686 und dem spätgotischen Schnitzaltar.

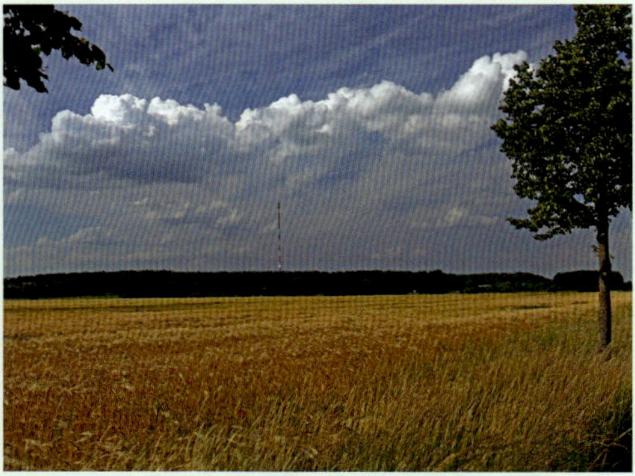

Blick auf Höhbeck mit dem Sendemast

⌘ Höhbeck-Museum Vietze, Hauptstr. 1, 29478 Höhbeck/ OT Vietze, ☏ 058 46/980 28 28 oder 058 46/22 01, ✉ info@museum-vietze.de, 💻 www.museum-vietze.de, 🚪 April bis Oktober Mi, Sa, So und an Feiertagen 14:00-17:00, im Sommer zusätzlich am Mi. Das Museum kann nur mit einer Führung besichtigt werden.

Sie gehen rechts und gelangen etwa 100 m weiter an ein Storchennest auf einer Streuobstwiese. Eine weitere Infotafel informiert hier u. a. über Bruterfolge der großen Vögel in den letzten Jahren. Erneut 100 m weiter biegen Sie rechts ab in die Straße Zum Heidberg. Am Ende führt sie mit

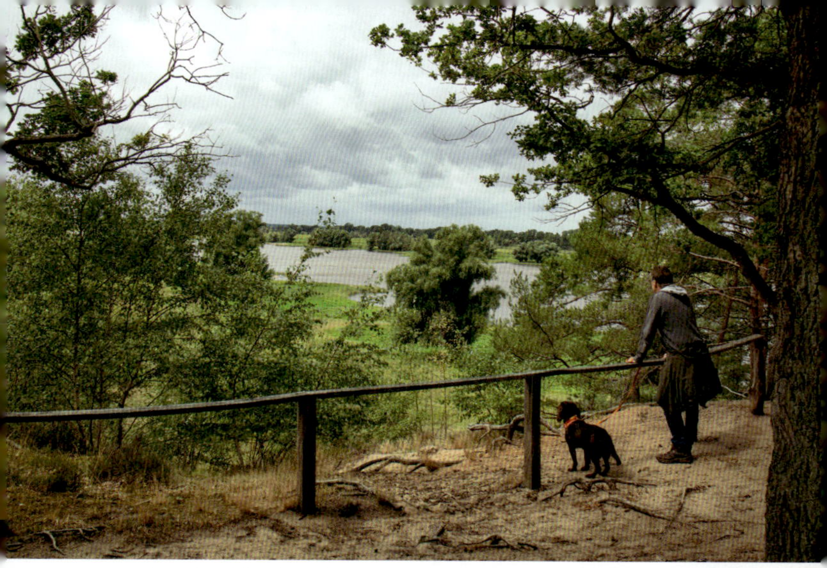

Von den Elbhöhen hat man einen schönen Ausblick auf die Elbe

einem Gefälle von 16 % sehr steil den Elbhang hinab, ein Abschnitt, der von Kindern im Winter bei Schnee gern als Rodelstrecke genutzt wird. Am Ende der Straße gelangen Sie an einen besonders schönen ⩩ Rastplatz mit Bänken und Tischen und einer Grillhütte nicht weit vom Ufer der Elbe entfernt.

Von dort führt der Wanderweg weiter auf einer Holztreppe steil den Elbhang hinauf. Am Geländer finden Sie auf mehreren Tafeln zahlreiche Daten zur Geschichte der Region. Oben angekommen erreichen Sie einen weiteren guten ⩩ Rastplatz ❷ mit fantastischem Blick auf die Elbe.

Sie wandern auf einem schönen Pfad durch lichten Kiefernwald weiter, zwischen den Bäumen lässt sich ab und an ein Blick auf die Elbe erhaschen. Bald erreichen Sie eine überlebensgroße Holzfigur, die einen historischen Krieger darstellt. Gleich darauf queren Sie ein flaches Tal auf einer Holzbrücke und kommen gut 100 m weiter zum nächsten wunderbaren ⩩ Rastplatz an der Vietzer Schanze ❸. Ein nachgebautes Kastell bietet Sitzmöglichkeiten und Schutz bei schlechtem Wetter und darüber hinaus eine wunderbare Aussicht auf die Elbe. Geschichtsinteressierte erhalten auf mehreren Tafeln umfassende Informationen.

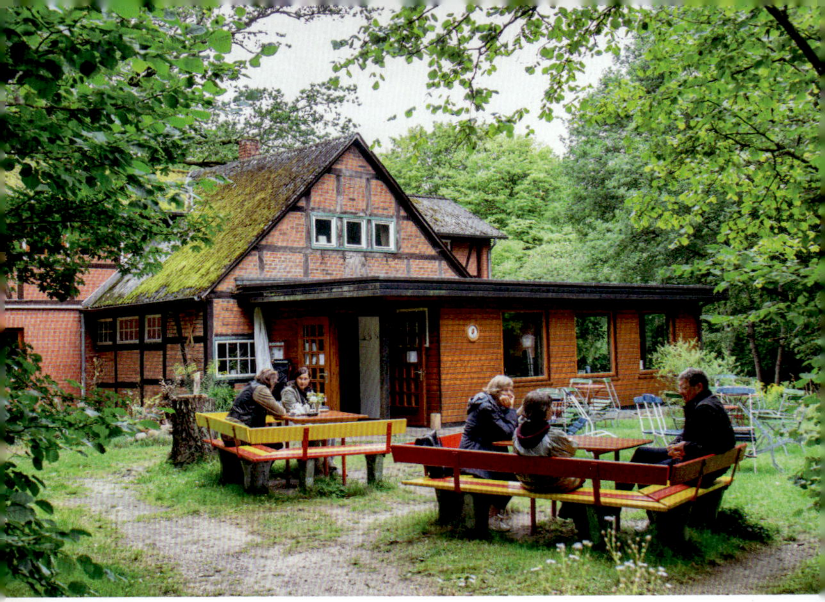

Das Restaurant an der Schwedenschanze ist ein beliebtes Ausflugsziel

Die Vietzer Schanze ist deutschlandweit das einzige sichtbar erhaltene fränkische Militärlager, das nachweislich von Karl dem Großen zu Anfang des 9. Jahrhunderts erbaut wurde. Das aus Holz und Erde errichtete Kastell diente der Überwachung und Sicherung der Grenze zu den jenseits der Elbe lebenden slawischen Stammesverbänden. Neben dem rechteckigen Platz sind von der historischen Anlage heute nur noch Reste der Wallanlagen zu sehen. Zusammen mit der etwas weiter östlich liegenden Schwedenschanze bildete es am äußersten Rand des riesigen Frankenreiches das Castellum Hohbuoki, die Festung Höhbeck.

Der Wanderweg führt hier rechtwinklig nach rechts, bis Sie nach knapp 50 m mehrere Infotafeln erreichen, die über das Kastell aufklären.

Hier heißt es nun aufpassen. Der Wanderweg zweigt an dieser Stelle noch vor der großen Buche mit der Markierung „E" scharf nach links auf einen Pfad ab, der in Serpentinen steil den Elbhang hinabführt.

Unten angekommen überqueren Sie auf einer Holzbrücke einen Bach und folgen dahinter dem Pfad, der zunächst noch relativ nahe an der Elbe verläuft und später durch Eichenwald wieder aufwärtsführt. Sie passieren Infotafeln mit dem Titel „Viel Blatt vorm Mund“ und müssen ca. 125 m weiter erneut aufmerksam sein. Hier führt der Wanderweg von der geraden Linie weg scharf links aufwärts. Die Stelle ist zwar gut markiert, aber die ein oder anderen haben den Abzweig schon übersehen.

Sie folgen dem Weg weiter aufwärts, bis Sie nach einem letzten steilen Anstieg am Kaffeegarten Schwedenschanze, dem beliebten Ausflugslokal, angekommen sind.

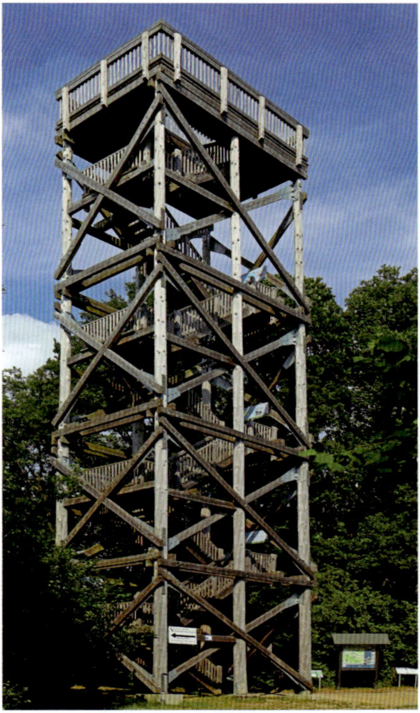

Aussichtsturm auf dem Höhbeck an der Schwedenschanze

☕ Kaffeegarten Schwedenschanze, Schwedenschanze 1, 29478 Höhbeck/Brünkendorf, ☏ 058 46/365, ✉ info@kaffeegartenschwedenschanze.de, 💻 www.kaffeegartenschwedenschanze.de, 🚪 in der Regel täglich ab 12:00

Von hier sind es nur noch wenige Schritte bis zu Ihrem Ausgangspunkt am Parkplatz unterhalb des Aussichtsturms.

⑭ Pevestorf: Rundweg durch die Pevestorfer Wiesen

Tour für Naturliebhaberinnen und Naturliebhaber

Eine kurze Rundtour, die das ganze Jahr über zahlreiche Möglichkeiten zur Beobachtung von Vögeln wie z. B. Kranichen, verschiedenen Gänse- und Entenarten, Greifvögeln oder Reihern bietet. Die kleinen Gewässer sind im Frühjahr Laichplatz verschiedener Frosch- und Schwanzlurche, von denen besonders die gefährdeten Rotbauchunken hervorzuheben sind. Nicht zuletzt lockt der urige Lindenkrug mit Speis und Trank.

Start/Ziel: Park- und Rastplatz am Ortsausgang von Pevestorf, GPS N 53°04.321' E 011°26.912'

4,7 km

1 Std. 15 Min.

auf der ganzen Strecke nur unwesentliche An- und Abstiege

15-30 m

nur auf dem Deich „E" für Elbhöhenweg

Die Tour verläuft etwa zur Hälfte auf einer grasigen Deichkrone (mit Buggy können Sie den parallel verlaufenden, befestigten Deichverteidigungsweg nutzen) und asphaltierten Wirtschaftswegen bzw. kaum befahrenen Straßen.

Rastplatz mit Schutzhütte an Start und Ziel, Bank auf dem Deich am Pevestorfer Elbstrand (km 2,1), Schutzhütte (km 2,6)

Lindenkrug (km 3,4)

Für Kinder bietet der kleine Sandstrand Spielmöglichkeiten.

keine Einschränkungen für Buggys

Hunde sind auf dem gesamten Weg an der kurzen Leine zu führen.

P Parkmöglichkeit auf dem Wanderpark- und Rastplatz am Ortsausgang von Pevestorf Richtung Elbfähre

Linie 8060 Lüchow – Gartow – Vietze, 8070 Dannenberg – Gartow – Schnackenburg

Vom Parkplatz gehen Sie über die Straße auf den Elbdeich, auf dem Sie die nächsten 2 km weiterwandern. Nach links haben Sie einen schönen Blick auf das Deichvorland mit zahlreichen Gewässern in den Wiesen und

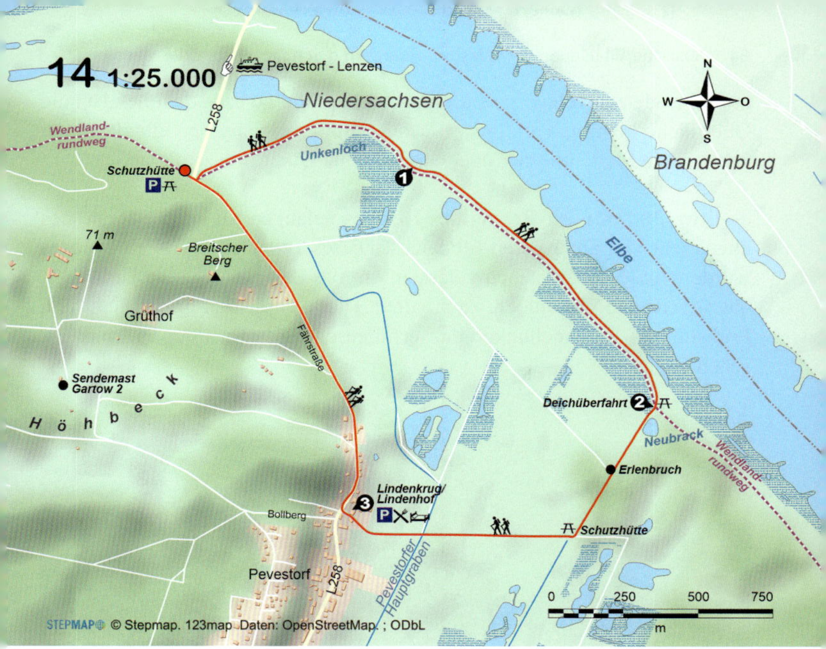

Weiden, in denen einzelne mächtige Eichen stehen. Dahinter sehen Sie die Elbe. Nach rechts schauen Sie auf die Pevestorfer Wiesen, ein ausgedehntes Qualmwassergebiet, idealer Lebensraum für Vögel und Amphibien.

Auch Rinder fühlen sich in den Pevestorfer Wiesen „pudelwohl"

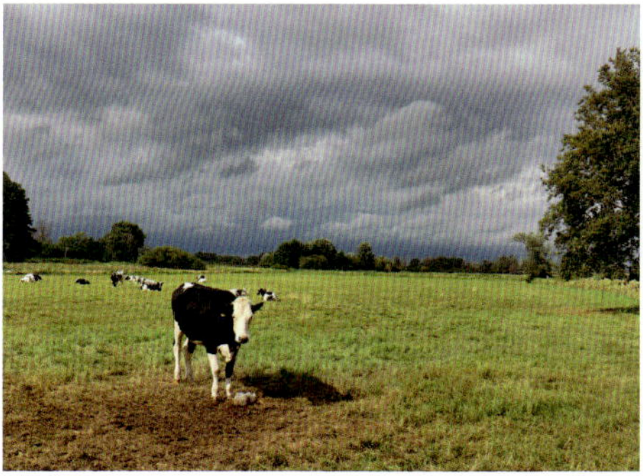

Als Qualmwasser bezeichnet man Wasser, das bei Hochwasser unter einem Deich durchsickert und auf der anderen Seite aus dem Boden aufsteigt und dort temporäre Gewässer bildet. Der Name rührt daher, weil das Wasser mit im Boden eingelagerter Luft manchmal brodelnd bzw. qualmend an die Oberfläche kommt. Trotz neuer Deiche gibt es entlang der Elbtalauen an zahlreichen Stellen immer noch ausgedehnte Qualmwasserbereiche.

Etwa 300 m nach Beginn des Deiches gelangen Sie an die Reste des alten, sehr viel niedrigeren Elbdeichs. Dieses Teilstück des alten Deiches wurde beim Neubau stehen gelassen, um das dahinterliegende Gewässer, das sogenannte Unkenloch, zu erhalten. Hier paaren sich im Frühjahr und Frühsommer Rotbauchunken und erfüllen die Luft mit ihren melancholischen Rufen.

Am Unkenloch

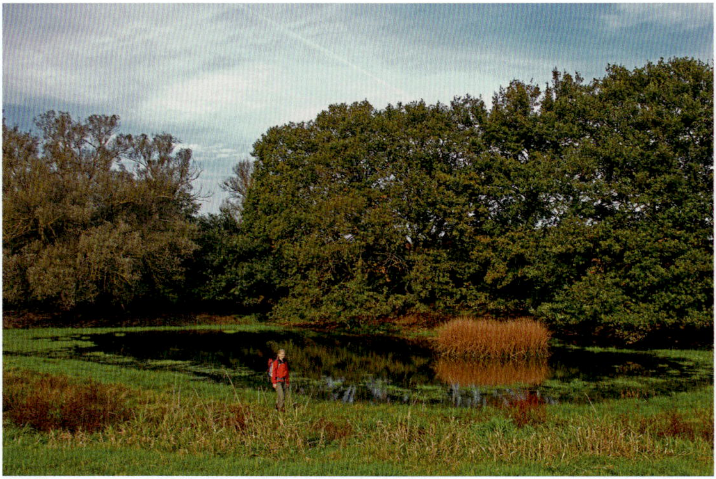

Als Nächstes passieren Sie ein links liegendes größeres Gewässer ❶. Hier können verschiedene Vogelarten beobachtet werden, auch Silberreiher wurden dort schon gesehen.

Ihr Weg auf dem Deich endet an einer asphaltierten Deichüberfahrt ❷. ⛼ Eine Bank mit schönem Blick auf die Elbe lädt zu einer Rast ein und am Ufer des Stromes lockt der sogenannte Pevestorfer Elbstrand, eine kleine sandige Bucht zwischen Buhnen.

Nach rechts führt ein asphaltierter Wirtschaftsweg, auf dem Sie vorbei an einem Gewässer, dem Neubrack, auf ein Kiefernwäldchen zugehen. Sie passieren einen Erlenbruch und wandern in den lichten Kiefernwald hinein. Am Ende des Waldes vor einer Rechtskurve passieren Sie eine Schutzhütte. Sie folgen dem asphaltierten Wirtschaftsweg nach rechts und erreichen etwa 800 m weiter den Lindenkrug ❸, eine empfehlenswerte alte Landgaststätte mit rustikalen Speisen. Bei schönem Wetter kann man gemütlich unter großen Linden im Freien sitzen.

Lindenkrug und Lindenhof, Fährstr. 30, 29478 Höhbeck/Pevestorf,
058 46/15 05, lindenhofundkrug@t-online.de, www.lindenhofundkrug.de,
ganzjährig täglich ab 12:00 geöffnet, warme Küche bis 21:00

Lindenkrug

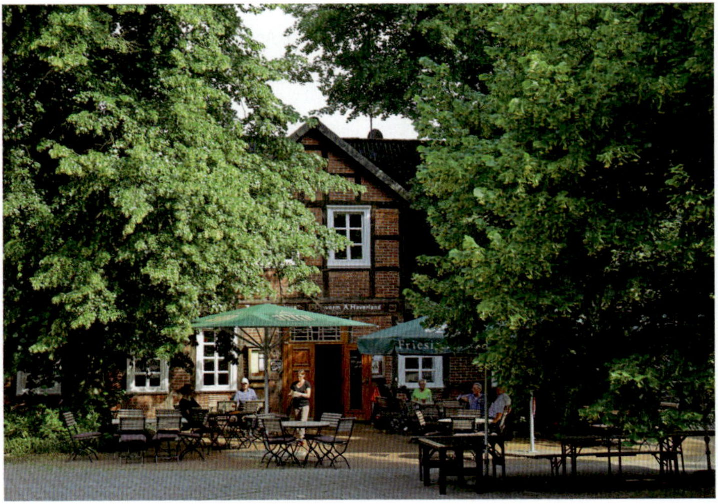

Vom Parkplatz vor dem Lindenkrug gehen Sie entlang der Fährstraße Richtung Elbe. Nach etwa 1,3 km haben Sie Ihren Ausgangspunkt wieder erreicht. Wenn Sie die Asphaltstraße weitergehen, kommen Sie nach 600 m zum Anleger der Fähre Pevestorf – Lenzen.

⑮ Gartow: Rund um den Gartower See

Tour für Natur-, Bade- und Wassersportbegeisterte

Die kurze Rundtour auf einfachen Spazierwegen erschließt den gesamten Gartower See. Sowohl Bade- und Wassersportbegeisterte aller Altersgruppen als auch Naturverbundene kommen hier voll auf ihre Kosten. Mehrere Imbissstände sorgen für reichlich Verpflegung während der Tour und auch an alle, die mit Hund wandern, ist gedacht, steht ihren vierbeinigen Lieblingen doch eine Spielwiese mit Bademöglichkeit zur Verfügung.

- Start/Ziel: Parkplatz im Südosten des Sees, GPS N 53°01.485' E 011°27.983'
- 4,9 km
- 1 Std. 15 Min.
- auf der ganzen Strecke bis auf den Deich keine An- und Abstiege
- 15 m
- keine Markierung
- Die Wanderung verläuft auf teilweise befestigter Deichkrone sowie auf überwiegend gut ausgebauten Wanderwegen und Pfaden.
- am Parkplatz an der Badestelle Südufer (km 1,2), am Rastplatz Nordufer (km 3,9), darüber hinaus weitere Einkehrmöglichkeiten in Gartow
- Badestelle Südufer (km 1,2), Pferdebadestelle (km 1,8), Aussichtsturm (km 2,3), Rastplatz Nordufer (km 3,9), Badestrand Nordufer (km 4,4), darüber hinaus zahlreiche Bänke entlang des Weges
- **WC** Toiletten am Rastplatz Nordufer (km 3,9)
- Badestelle Südufer (km 1,2), Badestrand Nordufer (km 4,4)
- Wegen der Bade- und Wassersportmöglichkeiten sowie der zahlreichen interessanten Informationstafeln ist die Tour auch für Familien mit Kindern sehr gut geeignet.
- Für Buggys ist der Weg grundsätzlich gut geeignet. Nach Regen können aber auf der Nordseite kurze, vereinzelte Passagen schlammig sein.
- Hunde müssen zwar angeleint geführt werden, können aber auf der Hundewiese frei laufen und dort auch im See baden (km 1,3).
- **P** größerer Parkplatz an der Südostecke des Sees gegenüber der Kirche St. Georg
- Linie 8001 Hitzacker – Gartow – Neu Darchau – Lüchow, 8060 Lüchow – Gartow – Vietze, 8070 Dannenberg – Gartow – Schnackenburg

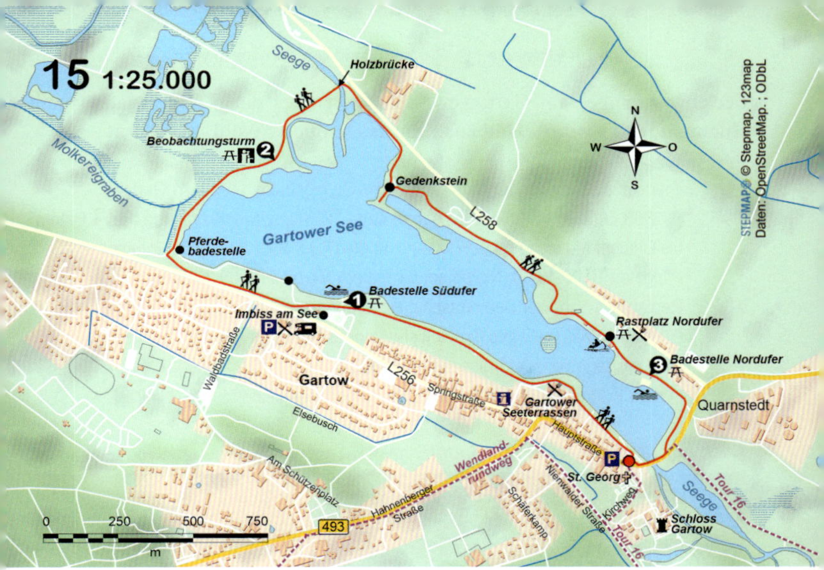

Der Luftkurort Gartow hat sich in den letzten Jahren zu einem beliebten Ziel für Touristinnen und Touristen entwickelt. Auf die etwas mehr als 1.000 Einheimischen der Samtgemeinde kommen jährlich etwa 175.000 Übernachtungen. Hauptanziehungspunkt des Ortes ist der Gartower See, der in den 1970er-Jahren künstlich angelegt wurde und mit zahlreichen Einrichtungen u. a. der Naherholung dient. Neben Baden und Schwimmen sind zahlreiche weitere Wassersportarten wie Segeln, Surfen, Rudern oder Paddeln möglich. Angelfans kommen hier ebenfalls auf ihre Kosten. Aber auch Naturbegeisterte kommen nicht zu kurz, lassen sich doch zahlreiche Wasservögel beobachten. Und an der Seege ist sogar der Biber wieder heimisch geworden. Der etwa 670 ha große See, durch den die Seege fließt, hat eine ausgezeichnete Wasserqualität.

Sehenswert sind die alten Fachwerkhäuser an der Hauptstraße, die unter Denkmalschutz stehen. Einen Blick wert ist auch die 1724 im Barockstil erbaute Kirche St. Georg am östlichen Ortsausgang. Daneben liegt in einem großzügigen Gelände das Schloss der Familie von Bernstorff, einem alten Grafengeschlecht.

Übernachtungsmöglichkeiten finden Sie in Gartow für jeden Geschmack und Geldbeutel: Vom Campingplatz über Hotels bis zu luxuriösen

Ferienwohnungen im Gartower Schloss ist alles dabei (Information und Buchung im TI-Büro). Und auch für das leibliche Wohl ist gesorgt.

Tourismusinformation im Rathaus Gartow, Springstraße 14, 29471 Gartow, ☎ 058 46/333, touristinfo@gartow.de, https://wendland-elbe.de, Ostern bis Oktober Mo bis Fr 9:00-12:30 und 14:00-17:00, Sa 10:00-13:00, Himmelfahrt und Pfingsten 10:00-13:00, November bis Ostern Mo bis Fr 9:00-12:30

Restaurant Gartower Seeterrassen, Hans Borchardt Platz 1, 29471 Gartow, ☎ 0 58 46/598, info@gartower-seeterrassen.de, www.gartower-seeterrassen.de, Mo, Di, Fr, Sa 10:00-14:00 und ab 17:30, So und an Feiertagen ab 10:00 durchgehend geöffnet, keine feste Schließzeit

Blick auf die Badestelle am Südufer des Gartower Sees

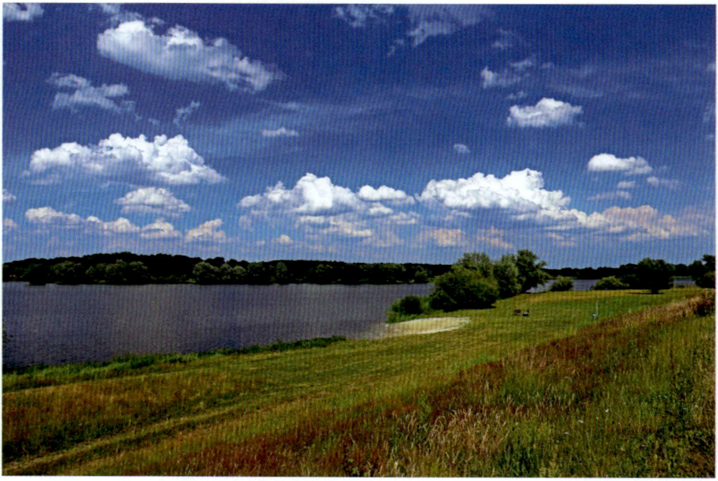

Sie gehen vom Parkplatz auf den Deich und wenden sich nach links in nordwestlicher Richtung. Am Hotel Seeblick und am Restaurant Seeterrassen vorbei erreichen Sie nach etwa 1,2 km einen Parkplatz mit Imbiss und Wohnmobilstellplätzen. Nach rechts führt eine Treppe zur Badestelle Südstrand ❶ mit einem kleinen Sandstrand. Eine Bank bietet sich für eine Rast an.

Etwas weiter liegt der Hundebadestrand, hier kann Ihr Hund frei laufen und im See baden. Am Ende des Sees, an einer Infotafel („Auf den Spuren der Biber"), verlassen Sie den Deich nach rechts.

Wenig weiter an der nächsten Infotafel finden Sie eine Pferdebadestelle. Sie wandern auf einem guten Weg am Westufer des Sees weiter und gelangen an einen Beobachtungsturm ❷, von dem Sie gut das Treiben der Vögel auf dem Gewässer beobachten können. Dann wandern Sie weiter an einem idyllischen Altarm der Seege entlang, bis Sie am Ende des Sees den Fluss auf einer Holzbrücke überqueren. Dort gehen Sie rechts noch vor dem Deich auf einen Pfad. An einem Erlenbruch passieren Sie an einer Bank auf einer Freifläche einen Gedenkstein, der an die Anlage des Sees erinnern soll. Hier können Sie auf einem Pfad einen kurzen Abstecher auf eine in den See ragende Landzunge machen, ein beliebter Platz nicht nur für Angelfans.

Vom Gedenkstein wandern Sie weiter dicht am Ufer entlang und erreichen das Erholungszentrum am See mit ⩚ Grill- und Rastplatz, Spielplatz, Bootsverleih, Biergarten und Toiletten. Gleich hinter den Bootsanlegern gehen Sie am Badestrand Nordufer ❸ vorbei. Sie folgen dem Weg am Ufer entlang, überqueren auf einer Autobrücke erneut die Seege und sind gleich dahinter wieder an Ihrem Ausgangspunkt.

Fachwerkhäuser in Gartow

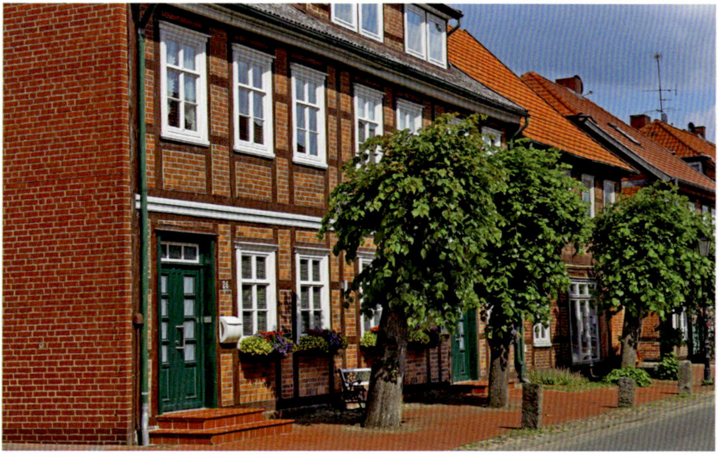

⑯ Gartow: Biberpfad an der Oberen Seege

Tour für Natur- und Kunstbegeisterte

An vielen Stellen entlang der Elbe ist der Biber durch konsequenten Schutz und Auswilderungen wieder heimisch geworden. Das gilt auch für die Seege, einen linken Nebenfluss, der zwischen Vietze und Gorleben in die Elbe mündet. Besonders im Bereich der Oberen Seege lassen sich zahlreiche Spuren des pelzigen Nagers entdecken und mit etwas Glück können Sie die scheuen Tiere in der Dämmerung sogar selbst beobachten. Die kurze Rundwanderung führt am naturnahen Ufer der Seege durch das Reich des Bibers. Zahlreiche Schautafeln informieren über seine Biologie und seine Gewohnheiten.

Neben dem Biber lassen sich je nach Jahreszeit auch viele, z. T. seltene Vogelarten beobachten, wie z. B. Störche, Kraniche, Gänse, Schwäne, Greife oder Eisvögel. Darüber hinaus führt der Weg am Skulpturenpark des Westwendischen Kunstvereins vorbei.

☺ *Die Tour lässt sich gut mit dem Seeadlerrundweg (☞ Wanderung 17) kombinieren.*

- Start/Ziel: Parkplatz im Südosten des Gartower Sees, GPS N 53°01.485' E 011°27.983'
- 2,7 km
- 45 Min.
- auf der ganzen Strecke keine An- und Abstiege
- 15 m
- stellenweise Biberland-Schilder mit Richtungspfeil
- bis auf einen kurzen Abschnitt entlang einer asphaltierten Straße unbefestigte Pfade und Wege
- entlang des Weges keine Einkehrmöglichkeit, aber mehrere in Gartow
- keine Rastmöglichkeiten entlang des Weges
- Die informativen Tafeln entlang des Weges mit Wissenswertem aus dem Leben der Biber sind auch für Kinder interessant.
- Nach längeren Regenfällen kann der Weg stellenweise sehr aufgeweicht und morastig sein.

Hunde sind auf dem gesamten Weg an der kurzen Leine zu führen.

P größerer Parkplatz an der Südostecke des Sees gegenüber der Kirche St. Georg am östlichen Ortsausgang von Gartow

Linie 8001 Hitzacker – Gartow – Neu Darchau – Lüchow, 8060 Lüchow – Gartow – Vietze, 8070 Dannenberg – Gartow – Schnackenburg

Informationen zu Gartow: ☞ Wanderung 15

Sie starten am Parkplatz, gehen über die Straße und weiter am Eingang der Kirche St. Georg vorbei. Gleich dahinter gehen Sie rechts durch die große Öffnung der Mauer (noch vor dem säulenbewehrten Eingang zum Schloss Gartow) auf den Kirchweg und folgen ihm bis zur Nienwalder Straße.

Dort gehen Sie links und biegen nach etwa 300 m links auf einen Deich ab. Um zum Deich zu gelangen, müssen Sie zwei hintereinander liegende Elektrozäune passieren, die Pferde auf der Spur halten sollen. Fassen Sie nicht den Draht an, sondern öffnen Sie den Zaun mithilfe der gut sichtbaren, isolierten Handgriffe.

Auf oder neben dem Deich wandern Sie bis zu einem Siel und Schöpfwerk ❶. Gleich dahinter verlassen Sie über Stufen den Deich. Sie stoßen dort auf einen Pfad, auf dem Sie rechts entlang uralter, mächtiger Eichen, von denen einige innen hohl sind, weitergehen. Nach etwa 350 m gelangen Sie an eine Abzweigung. Wenn Sie hier weiter geradeaus gehen, kommen Sie nach 1 km an den Klaus-Bahlsen-Turm (☞ Tour 17). Der Biberpfad führt hier nach links. Auf einer

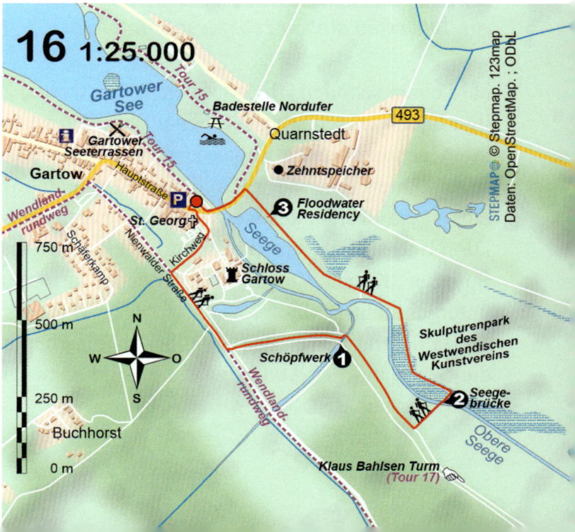

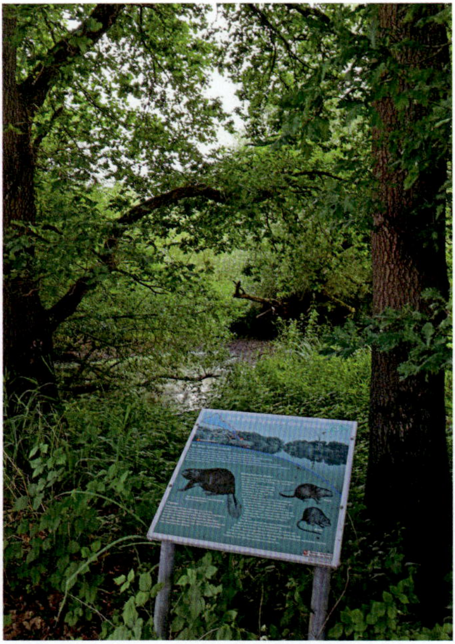

Am Biberpfad stehen zahlreiche Infotafeln

Holzbrücke ❷ überqueren Sie die Seege, mit viel Glück können Sie von hier aus in der Dämmerung Biber beobachten.

Sie folgen weiter dem Pfad, der dann wieder in westlicher Richtung verläuft. Rechts in den Wiesen können Sie mehrere Skulpturen entdecken, die zum Skulpturenpark des Westwendischen Kunstvereins (www.westwendischer-kunstverein.de) gehören. Unmittelbar am Weg weisen zahlreiche Informationstafeln auf Spuren von Bibern hin und vermitteln interessante Details aus dem Leben der scheuen Tiere.

Nach rechts haben Sie bald einen schönen Blick auf den sehenswerten Zehntspeicher, eine ehemalige Fachwerkscheune, die heute vom Kunstverein u. a. als Ausstellungsraum genutzt wird. Sie passieren eine auf Stelzen gebaute Holzhütte, die sogenannte Floodwater Residency ❸. Sie gehört ebenfalls dem Kunstverein, ist ein Projekt des weltweit bekannten amerikanischen Künstlers Mark Dion und soll als künstlerische Installation verstanden werden, in der im Sommer Künstlerinnen und Künstler aus verschiedenen Kunstformen untergebracht sind.

Bald darauf erreichen Sie die Straße, gehen dort nach links, überqueren die Seege auf der Autobrücke und sind nach kurzer Zeit wieder an Ihrem Ausgangspunkt.

17 Nienwalde: Seeadlerrundweg

Tour für Naturliebhaberinnen und Naturliebhaber

Der einfache, kurze Spaziergang führt durch die Obere Seegeniederung, ein Gebiet, wo die einstmals begradigte Seege Schritt für Schritt renaturiert wird. Highlight ist der Klaus-Bahlsen-Turm, von dem Sie eine fantastische 360-Grad-Rundumsicht haben. Mit etwas Glück können Sie sogar Seeadler beobachten, die größten Greifvögel Europas, die an ihren mächtigen, breiten Schwingen und dem großen Schnabel leicht zu erkennen sind. Der Bestand des hierzulande fast ausgerotteten Vogels hat sich in der letzten Zeit durch weitreichende Schutzmaßnahmen erholt. Inzwischen brüten wieder über 700 Paare in Deutschland.

☺ *Die Wanderung lässt sich gut mit dem Biberpfad kombinieren (☞ Wanderung 16).*

↻ Start/Ziel: direkt am Klaus-Bahlsen-Turm, GPS N 53°00.741' E 011°29.298'

➲ 2,3 km

⌛ 45 Min.

Klaus-Bahlsen-Turm

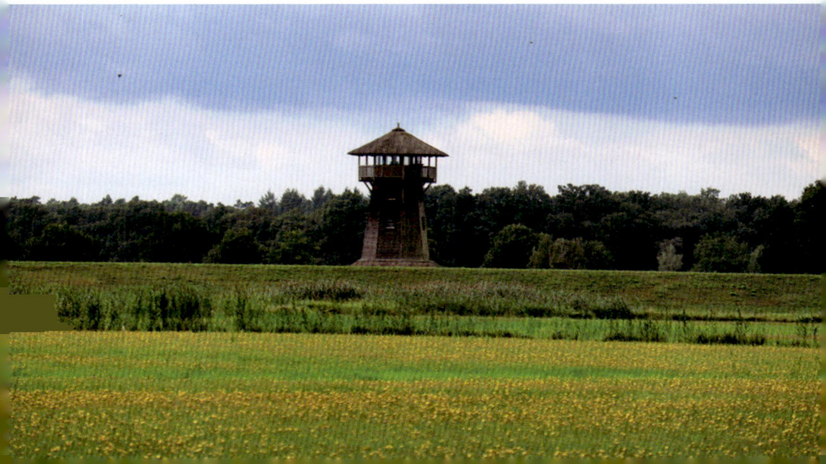

- ↑ ↓ auf der ganzen Strecke keine An- und Abstiege
- ⇧ 15 m
- keine Markierung
- Der Wanderweg verläuft auf unbefestigten Wirtschaftswegen sowie auf der Deichkrone, die teilweise befestigt ist.
- keine Einkehrmöglichkeit entlang des Weges, Eichenkrug in Nienwalde
- keine besondere Rastmöglichkeit, aber mehrere Bänke in kurzen Abständen auf dem Deich
- Wegen des Aussichtsturms und der vielfältigen Informationsmöglichkeiten am Turm ist der Spaziergang auch für Familien mit Kindern geeignet.
- Der Weg ist stellenweise uneben und grasig und kann nach starken Regenfällen aufgeweicht und morastig sein. Er ist für Buggys nur bedingt geeignet.
- Hunde sind auf dem gesamten Weg an der kurzen Leine zu führen.
- P Parkmöglichkeit am Klaus-Bahlsen-Turm in Nienwalde in der Straße Alte Höfe
- Linie 8060 Lüchow – Gartow – Vietze, 8070 Dannenberg – Gartow – Schnackenburg

Ausblick vom Klaus-Bahlsen-Turm

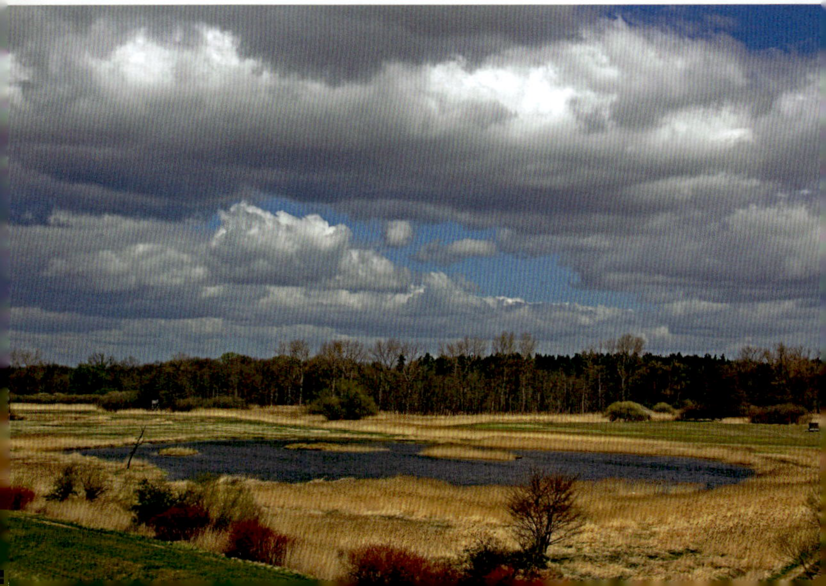

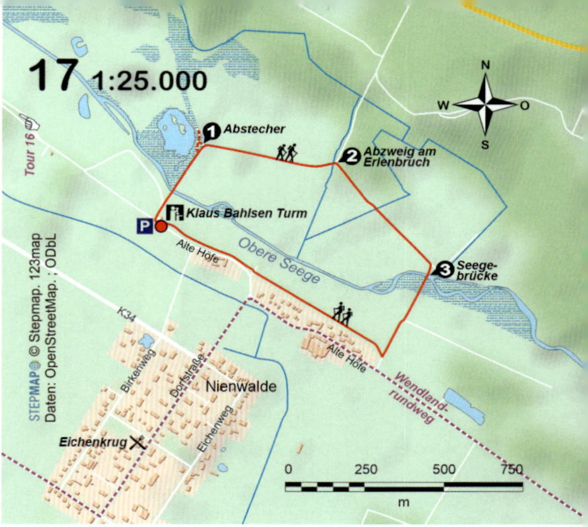

Nienwalde ist ein kleines, ruhiges Dorf an der Grenze zu Sachsen-Anhalt. Vor der Wiedervereinigung lag es nur 1 km von der innerdeutschen Grenze entfernt. Das über 650 Jahre alte Dorf gehört seit 1972 zu Gartow. Neben dem schönen Dorfbild mit zahlreichen alten Fachwerkhäusern ist die Attraktion des Ortes der Klaus-Bahlsen-Turm (ganzjährig rund um die Uhr), ein hölzerner, geschlossener Aussichtsturm mit einer Höhe von 15 m, der etwas nördlich des Ortes an der Seege liegt.

Die nördlich des Ortes verlaufende Seege, ein linker Nebenfluss der Elbe, wurde 1936 begradigt und kanalartig ausgebaut. Bis dahin verlief sie stark mäandrierend durch die Wiesen. Seit 2008 wird die Begradigung nun Schritt für Schritt zurückgenommen, die Seege wird renaturiert und neue Flussschleifen werden angelegt. Inzwischen sind zwischen der Landesgrenze und dem Gartower See sechs neue Schleifen entstanden.

✕ Eichenkrug Nienwalde, Dorfstr. 19, 29471 Nienwalde, ☎ 058 46/98 00 02, www.eichenkrug-nienwalde.de, Do bis Sa ab 18:00, So und an Feiertagen zusätzlich 12:00-14:00. Im Eichenkrug erhalten Sie schmackhafte polnische und deutsche Spezialitäten.

Sie gehen vom Turm auf der Asphaltstraße auf den Deich hinauf und dahinter auf einer Holzbrücke über die Seege. Rechts ist der einst begradigte Flusslauf durch eine neue Schleife renaturiert worden. Auf dem Feldweg wandern Sie durch offene Landschaft bis zu einer Rechtskurve ❶ weiter. Hier können Sie einen kurzen Abstecher nach links machen, wo Sie ein größeres Gewässer vorfinden, auf dem Sie zahlreiche Vögel beobachten können.

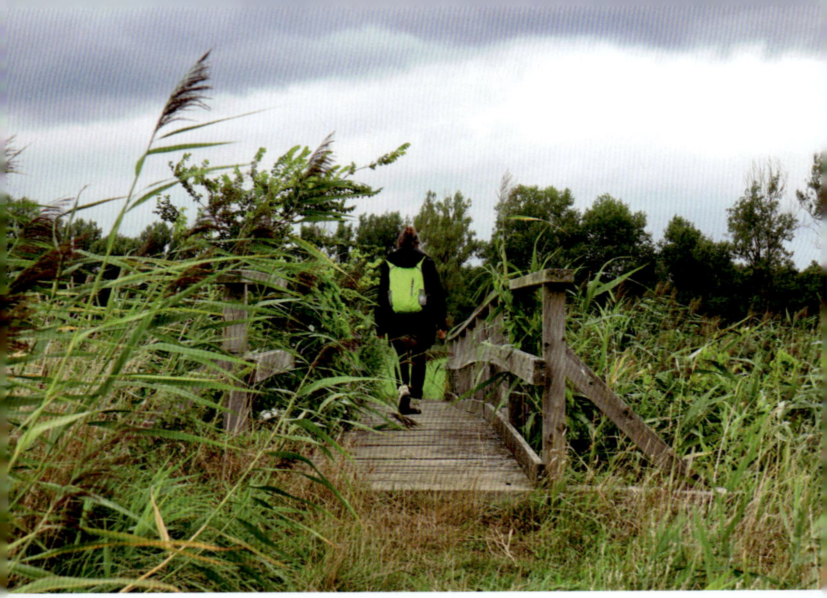

Die Seege wird auf einer Holzbrücke überquert

Wieder zurück auf dem Feldweg wandern Sie weiter, bis Sie zwischen uralten Eichen an einen Erlenbruchwald ❷ gelangen. Nach links führt ein breiter Forstweg, der Seeadlerrundweg verläuft hier aber weiter geradeaus über eine Wiese auf eine Gebüschreihe zu, die Sie durch eine Öffnung passieren. Dahinter gehen Sie auf einen größeren Röhrichtbestand zu.

Unmittelbar vor dem Röhricht gehen Sie rechts und auf der hölzernen Fußgängerbrücke ❸ erneut über die Seege. Auch hier können Sie eine neu angelegte Schleife des Flusses sehen. Sie wandern auf den Deich zu, auf dem Sie sich nach rechts wenden und bis zum Ausgangspunkt des Spaziergangs am Aussichtsturm weitergehen.

⑱ Schnackenburg: Auenlandschaft am Aland

Tour für Vogel- und Naturbegeisterte

Die Rundtour führt durch die Untere Aland-Niederung, eine fast unberührte Auenlandschaft an der Grenze zwischen Niedersachsen und Sachsen-Anhalt. Geprägt ist sie durch den Aland und das Quellgebiet der Seege. Eine Landschaft mit Wiesen und Schilfzonen, Überschwemmungsflächen, Bruch- und Auwäldern und vielen kleineren und größeren Gewässern mit reichhaltiger Flora und Fauna, darunter auch seltene, vom Aussterben bedrohte Arten. Auch im Winter ist es ein vor allem für Vogelliebhaberinnen und Vogelliebhaber lohnender Weg, auf dem sich zahlreiche Vogelarten gut beobachten lassen. Interessante Informationen über Natur und Landschaft der Region bieten die zahlreichen Schautafeln, die Sie bis zum Beobachtungsturm vorfinden.

- Start/Ziel: Am Markt im Zentrum von Schnackenburg, GPS N 53°02.208' E 011°34.037'
- 11,1 km
- 2 Std. 45 Min.
- auf der ganzen Strecke außer den Deichauf- und -abgängen keine An- oder Abstiege
- 15 m
- stellenweise Wanderwegweiser
- Der Weg verläuft zum größten Teil auf der Deichkrone, die stellenweise befestigt ist. Mit Buggy können Sie an vielen Abschnitten auf die befestigten Deichverteidigungswege ausweichen. Nur ein sehr kurzer Abschnitt über ein Feld kurz vor dem Ende kann nach heftigen Regenfällen sehr aufgeweicht sein und für verschmutzte Schuhe sorgen.
- am Weg keine Einkehrmöglichkeit, in Schnackenburg im Sommerhalbjahr
- Rastplatz mit überdachtem Pavillon am Start/Ziel, Rastmöglichkeit am Aussichtsturm (km 3,6), Rastplatz an der Grenzgedenkstätte (etwa 200 m abseits des Wegs am Aussichtsturm)
- Für Kinder bieten die beiden Aussichtstürme ein besonderes Erlebnis. Spannend ist auch ein Besuch im Grenzlandmuseum.
- Für Buggys ist der Weg sehr gut geeignet – bis auf eine kurze Strecke kurz vor Schnackenburg auf einem Feldweg, die nach Regen sehr schlammig sein kann.

Hunde sind auf dem gesamten Weg an der kurzen Leine zu führen.

Parkmöglichkeit im Zentrum von Schnackenburg (Am Markt und in den angrenzenden Straßen)

Linie 8060 Lüchow – Gartow – Vietze, 8070 Dannenberg – Gartow – Schnackenburg

Blick auf Schnackenburg

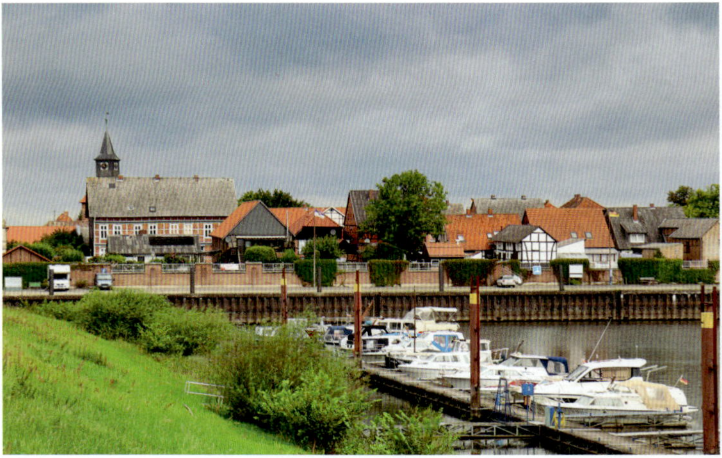

Die Stadt Schnackenburg liegt direkt an der Elbe an der Mündung des Alands. Die nur 600 Einwohnerinnen und Einwohner zählende Gemeinde ist die östlichste und zugleich kleinste Stadt Niedersachsens. Sehenswert ist die Innenstadt um den Markt herum mit zahlreichen alten Häusern aus dem Anfang des 18. Jahrhunderts.

Das gesamte Ensemble einschließlich der öffentlichen Verkehrsflächen ist als Baudenkmal eingestuft. Dazu gehört auch die Kirche St. Nicolai, eine romanische Backsteinkirche, die um 1200 erbaut wurde. Im mächtigen Turm hängen sechs Glocken, die älteste aus der Mitte des 14. Jahrhunderts. Kanzel, Altar und ein schwebender Taufengel, der die Taufschale trägt und bei Taufen heruntergelassen werden kann, stammen aus dem Jahr 1727 (ab Ostern, spätestens ab 1. April bis zum Erntedankfest täglich 9:00-18:00).

Bis zur Wiedervereinigung Deutschlands war Schnackenburg Kontrollstelle für den Transitverkehr der Binnenschifffahrt auf der Elbe mit einem Schutzhafen. Heute wird der kleine Hafen im Wesentlichen von Sportbooten genutzt.

Vom hölzernen Aussichtsturm im Nordosten des Hafens genießt man einen herrlichen Panoramablick weit über die Elbtalauen diesseits und jenseits der Elbe hinaus.

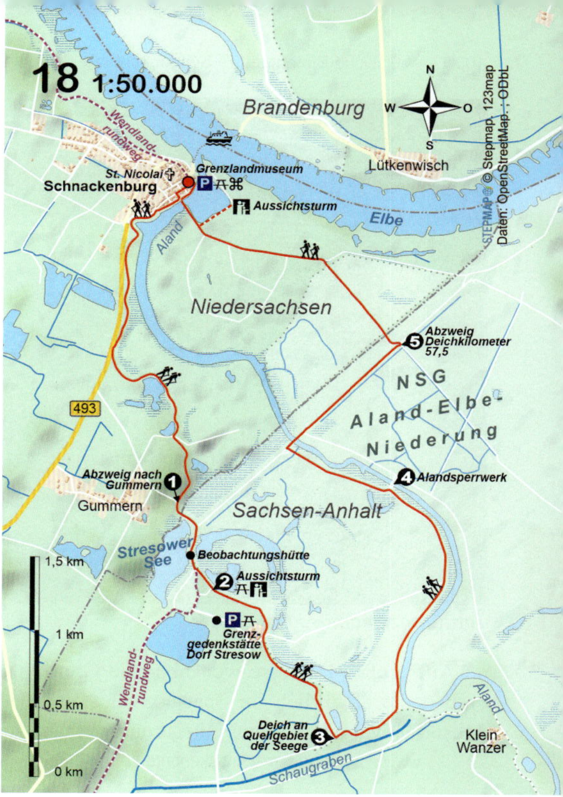

Wer Lust hat, Schnackenburg von der anderen Seite der Elbe zu sehen, kann sich mit der kleinen Autofähre ins gegenüberliegende brandenburgische Lütkenwisch aufmachen. Die Fähre verkehrt vom 1. Mai bis zum 31. August Mo bis Fr 6:00-21:00, Sa erst ab 8:00, vom 1. September bis zum 30. April nur bis 20:00, So und feiertags kein Betrieb.

Einen Besuch wert ist auch das Grenzlandmuseum Schnackenburg, das mit seiner Ausstellung an die 45 Jahre deutscher Teilung erinnert.

⌘ Grenzlandmuseum Schnackenburg, Am Markt 4, 29439 Schnackenburg,
058 40/210, info@grenzland-museum-schnackenburg.de,
www.museum-schnackenburg.de, Mai bis Oktober täglich 10:00-17:00

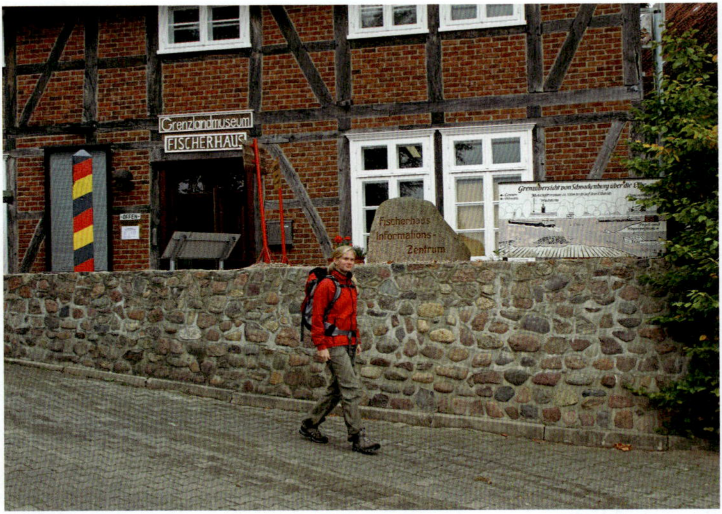

Am Grenzlandmuseum

Auf großes Interesse weit über die Grenzen der kleinen Stadt hinaus stoßen die alljährlich im Spätsommer stattfindenden Schubertiaden, ein Musikfestival mit Kammermusikkonzerten auf höchstem Niveau.

www.schubertiaden-schnackenburg.de

Start und Ziel ist der kleine Platz Am Markt im Zentrum des Ortes, wo mehrere Sitzbänke und ein Pavillon mit Bank und Tisch zum Verweilen einladen. Gegenüber vom Grenzlandmuseum gehen Sie in die Alandstraße und biegen nach etwa 100 m links ab. Noch vor dem Fluttor gehen Sie rechts und weiter an der Flutmauer entlang, bis Sie nach knapp 200 m auf den Deich des Alands gelangen.

Von nun an wandern Sie auf der zunächst befestigten Deichkrone. Sie passieren zahlreiche interessante Infotafeln und haben immer wieder fantastische Blicke auf die Auenlandschaft des Alands. Sie ist mit vielen kleinen und größeren Gewässern durchsetzt, auf denen sich zahlreiche Wasservögel tummeln. Faszinierend ist auch der Blick zurück nach Schnackenburg. Nach knapp 3 km führt ein Weg rechts in das kleine Dorf

Gummern ❶. Sie bleiben auf dem Deich, passieren kurz darauf einen alten Grenzpfahl und gelangen von Niedersachsen nach Sachsen-Anhalt.

Etwas mehr als 400 m hinter der Abzweigung erreichen Sie eine rechts am Ufer eines größeren Gewässers liegende Beobachtungshütte, von der man ohne zu stören zahlreiche Wasservögel beobachten kann. Nur 250 m weiter gelangen Sie an den schon von weitem sichtbaren hölzernen Aussichtsturm ❷. Von oben haben Sie einen wunderbaren Blick über die Auenlandschaft des Alands. Etwa 200 m südlich des Turmes können Sie einen größeren Parkplatz mit guter Rastmöglichkeit erkennen. Er gehört zur Grenzgedenkstätte Dorf Stresow, ein kurzer, lohnender Abstecher.

Beobachtungsturm an der Grenzgedenkstätte Stresow

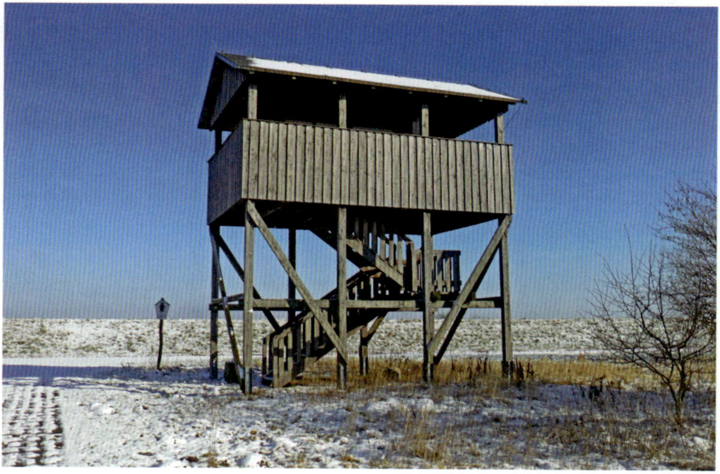

☺ Nur wenige Schritte südlich der Grenzgedenkstätte befindet sich ein kleiner Sandstrand an einem schönen See. Ein idealer Platz zum Schwimmen oder Sonnenbaden. Alles, was Sie dazu benötigen, ist ein Handtuch.

Stresow war ein uraltes Dorf, das erstmals 1310 urkundlich erwähnt wurde. Nach der Teilung Deutschlands lag es grenznah auf dem Boden der

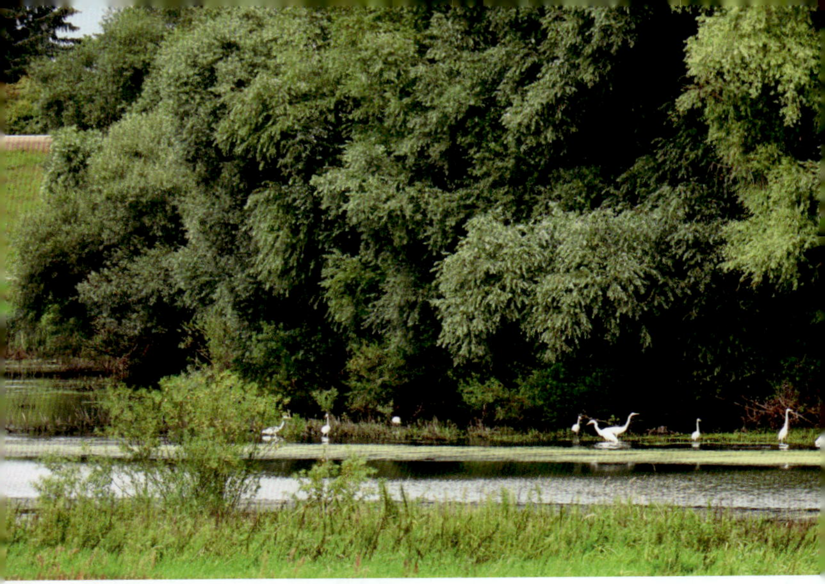

Silberreiher auf dem Aland

ehemaligen DDR im sogenannten Schutzstreifen. Die Einheimischen wurden in einer Nacht- und Nebelaktion (Aktion Ungeziefer) zwangsweise umgesiedelt und das Dorf dem Erdboden gleichgemacht. Heute erinnert die Gedenkstätte, die Teil des Grenzlandmuseums Schnackenburg ist, mit einem Gedenkstein und verschiedenen Nachbauten von Grenzbefestigungsanlagen an das zerstörte Dorf und die innerdeutsche Grenze.

Sie wandern weiter auf der Deichkrone, können voraus den Kirchturm des Dorfes Aulosen sehen und treffen nach etwa 1,5 km auf einen von rechts kommenden weiteren Deich ❸. Südlich des Deiches liegt das Quellgebiet der Seege. Sie halten sich links und folgen dem Deich, der schließlich wieder dicht an den Aland führt. Ein schöner Weg entlang des Flusses.

Der Aland ist ein knapp 100 km langer Fluss, der in Sachsen-Anhalt in Gardelegen entspringt. In seinem Oberlauf wird er als Milde bezeichnet, im Mittellauf als Biese und erst im letzten, knapp 30 km langen Abschnitt südlich von Seehausen trägt er den Namen Aland.

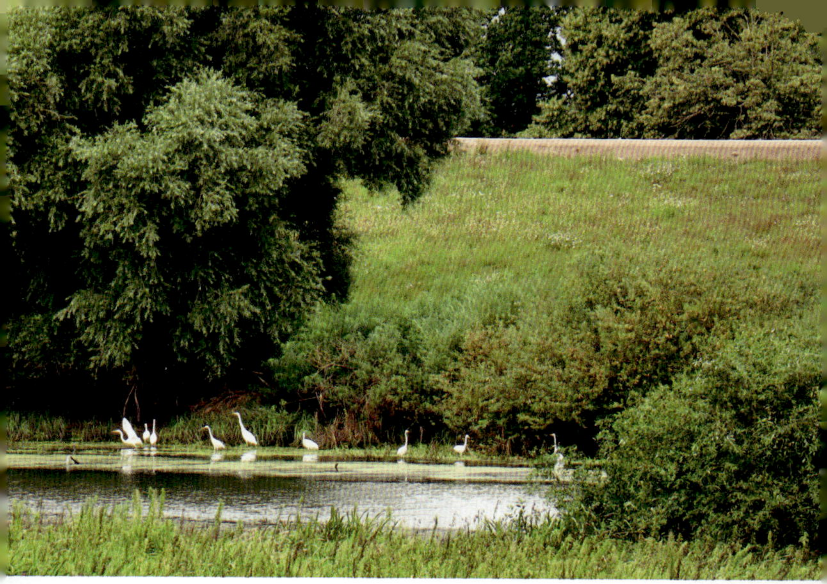

Nach etwa 2,2 km erreichen Sie das Alandsperrwerk ❹. Voraus fällt der Blick wieder auf Schnackenburg.

Gut 700 m weiter an einem Parkplatz knickt der Deich scharf nach links. Nach rechts führt eine Brücke über den Fluss. Sie gehen über die Brücke und folgen dem Deich dahinter geradeaus weiter.

Knapp 2 km weiter bei Deichkilometer 57,5 ❺ führt der Wanderweg nach links vom Deich ab. Über einen Feldweg, der nach Regenfällen sehr matschig sein kann, erreichen Sie nach etwa 750 m eine Asphaltstraße. Sie gehen hier links und kommen direkt an den Hafen von Schnackenburg.

☺ Rechts können Sie noch einen Abstecher zu dem nahe gelegenen Aussichtsturm machen, der Ihnen einen grandiosen Blick über die Landschaft bietet. Zum Ziel führt der Abstecher allerdings nicht. Gehen Sie das kurze Stück zurück und am Ende des Hafenbeckens nach rechts.

Über die Brücke überqueren Sie erneut den Aland, gehen noch vor dem Fluttor rechts und erreichen am Hafen entlang das Grenzlandmuseum, wo Sie wieder an Ihrem Ausgangspunkt angelangt sind.

Lüchower Niederung

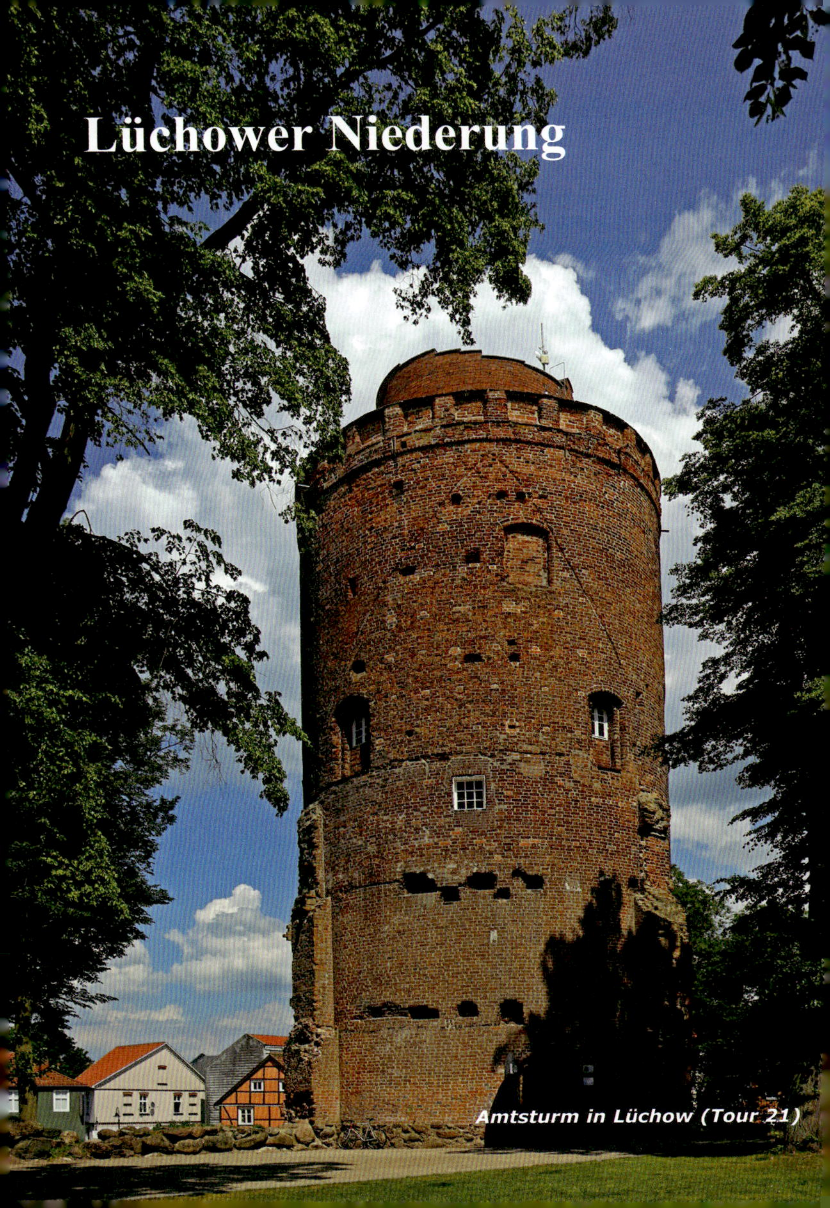

Amtsturm in Lüchow (Tour 21)

⑲ Nemitz: Nemitzer Heide

Tour für Natur- und Heidefans

Die Nemitzer Heide ist noch sehr jung. Sie entstand erst nach einem verheerenden Waldbrand im Jahr 1975, der großflächig weite Teile der ehemaligen Kiefernwälder vernichtet hat. Erst nach dem Brand hat sich auf den trockenen und nährstoffarmen Böden die heutige prächtige Heidelandschaft entwickelt, die nicht nur zur Heideblüte im Spätsommer zahlreiche Wanderinnen und Wanderer anlockt. Die etwa 550 ha große Fläche ist mit ihren Zwergstrauchheiden, Magerrasen und Dünen eine landschaftliche Besonderheit, die einer Fülle geschützter Pflanzen und Tiere Lebensraum bietet.

Der hier vorgestellte Rundweg führt durch die schönsten Bereiche des Gebietes, passiert den Schafstall mit Rastplatz und Spielmöglichkeiten für Kinder, führt durch das sehenswerte Dorf Nemitz und startet bzw. endet am Heidehaus, wo ein Café lockt oder die Ausstellung „Feuer, Heide, neues Leben“ besucht werden kann. Wer Lust hat, kann auch von dort zu einer Kutschfahrt durch die Heide aufbrechen.

☺ *Die Tour lässt sich gut mit der Wanderung 20 zu einer großen Runde verbinden.*

- Start/Ziel: am Heidehaus, GPS N 52°59.359' E 011°19.947'
- 8,3 km
- 2 Std. 15 Min.
- auf der ganzen Strecke nur unwesentliche An- und Abstiege
- 20-35 m
- weißes Richtungsdreieck auf schwarzem Grund und zahlreiche Wanderwegweiser
- Die Strecke verläuft auf etwas mehr als 1 km entlang asphaltierter Straßen, der Rest auf teils sehr sandigen Wegen durch offene Heide und Wald.
- Café am Ausgangspunkt, Café-Diele in Nemitz (km 0,8), Restaurant in Trebel (km 6,7)
- Rastplatz an Start und Ziel, Rast- und Spielplatz am Schafstall (km 1,8), Rastplatz auf Hügelkuppe (km 2,4), Rastplatz an der Schutzhütte (km 2,8), Rastplatz am Waldrand (km 5), Rast am Trebeler Dorfplatz (km 6,7), darüber hinaus zahlreiche Bänke entlang des Weges

Wegen der interessanten Ausstellung im Heidehaus und der Spielmöglichkeiten am Schafstall ist die Wanderung auch für Familien mit Kindern gut geeignet.

Stellenweise tief sandiger Boden, über den sich ein Buggy nur schwer schieben lässt.

Hunde sind auf dem gesamten Weg an der kurzen Leine zu führen.

größerer Parkplatz am Heidehaus an der Straße zwischen Trebel und Nemitz,

Linie 8060 Lüchow – Gartow – Vietze

Im Herbst zur Pilzsaison sind die ausgedehnten Wälder des Gartower Forstes zwischen Trebel und Gartow für alle, die gerne Pilze sammeln, ein kleines Paradies. Steinpilze, Maronen, Rotkappen, Birkenpilze, Pfifferlinge und viele mehr wachsen hier in großen Mengen und sind leicht zu finden.

Das Nemitzer Heidehaus ist ein beliebtes Ausflugsziel, Veranstaltungsort und Ausgangspunkt für Wanderungen, Radtouren und Kutschfahrten. Im Haus befindet sich die interessante Ausstellung „Feuer, Heide, neues Leben“, die über die Entstehung und das Leben in der Nemitzer Heide informiert.

⌘ Nemitzer Heidehaus, Nemitz 39, 29494 Trebel, ☏ 058 48/981 94 43, mail@nemitzer-heidehaus.de, www.nemitzer-heidehaus.de, Di-Sa 12:00-18:00, So 09:00-18:00, Änderungen vorbehalten, gebührenpflichtiger Stellplatz für 10 Mobile am Parkplatz am Heidehaus

Nemitzer Heidehaus

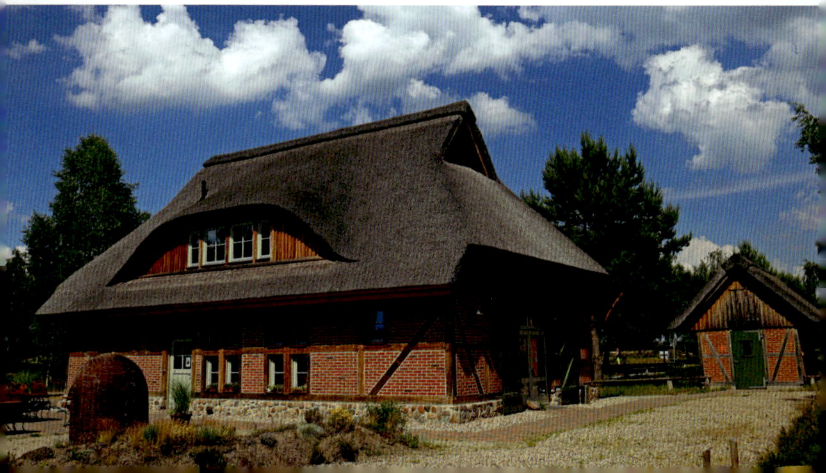

Sie starten am Heidehaus und gehen entlang der Asphaltstraße in südlicher Richtung nach Nemitz. Zum Glück ist der Weg bis in das schmucke Dorf nicht weit. Ein Highlight des Ortes ist die breite, mit alten Linden bestandene Dorfstraße, die vor allem im Herbst, wenn sich das Laub der Bäume verfärbt, ein prächtiges Bild abgibt.

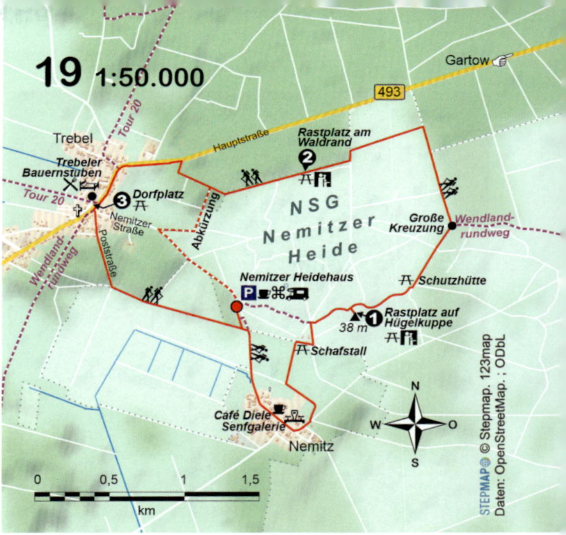

Nemitz gehört zu den schönsten Dörfern im Wendland. Das Ortsbild wird von der schnurgeraden Lindenallee mit ihren breiten Grünflächen geprägt. Das ursprünglich birnenförmige Rundlingsdorf brannte 1815 ab und wurde anschließend als das heute noch erhaltene zweizeilige Reihendorf wieder aufgebaut, mit den Wirtschaftsgiebeln zur Straßenseite. Alle Gebäude haben den gleichen Abstand zueinander und sind akkurat in einer Flucht zur Straße hin ausgerichtet.

Sie gehen an der Nemitzer Café-Diele vorbei, in der leckere Torten, Eis und Getränke serviert werden.

☕ Nemitzer Café-Diele, Nemitz Nr. 13, 29494 Trebel, ☎ 058 48/98 17 52,
✉ nemitzer.cafediele@t-online.de, 💻 cafe-diele.tobringen.de,
🚪 Fr bis So 13:00-18:00

An der Abzweigung nach Schweskau gehen Sie weiter geradeaus. Hier passieren Sie die Senfgalerie Nemitz, eine „Genuss-Manufaktur“, in der derzeit 50 verschiedene Senfsorten hergestellt werden, z. B. Bier-Senf,

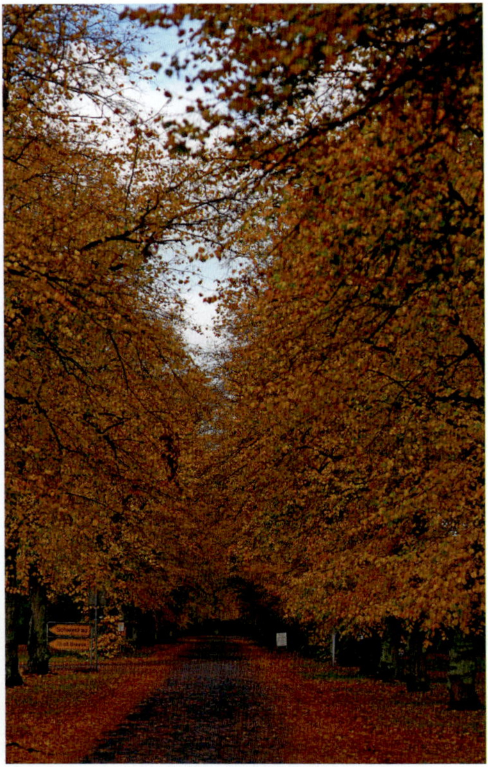

Dorfstraße in Nemitz im Herbst

Birne-Nuss-Senf, Zwiebel-Senf oder Apfel-Mango-Senf. In Zukunft ist auch die Produktion von Zuckerkompositionen und Meersalz- sowie Pfefferkreationen geplant.

Senfgalerie Nemitz, Nemitz Nr. 15, 29494 Trebel, ☎ 058 48/98 16 33, info@senfgalerie.de, www.senfgalerie.de, Ostern-Oktober Sa und So 14:00-18:00, von Juli-Mitte September tägl., während der Kulturellen Landpartie bereits ab 11:00

Knapp 100 m hinter der Abzweigung gabelt sich die Straße. Sie gehen nach links und halten sich an der Kreuzung hinter dem letzten Haus erneut links. Der Feldweg führt nun durch offene, mit Wacholder bestandene Landschaft.

Sie folgen dem gut markierten Weg, bis Sie an den Schafstall gelangen, der einer großen Heidschnuckenherde Schutz bietet. Ein schöner Rastplatz mit einer großen Spielwiese lädt zu einer ersten Pause ein.

Die Heidschnucke ist das bekannteste Tier der norddeutschen Heiden. Die genügsamen Tiere sind ideal an die Bedingungen der Heide angepasst und fungieren hier als Landschaftspfleger. Mit ihren Fressgewohnheiten sorgen sie dafür, dass die vom Menschen geschaffene Kulturlandschaft Heide erhalten bleibt. Neben dem Heidekraut fressen sie aufwachsende junge Bäume, sorgen so für eine Verjüngung der Heidepflanzen und verhindern, dass neue Wälder entstehen, die die offenen Heideflächen verdrängen würden. Die Heidschnucken wandern mit ihren Schäferinnen und Schäfern mit Ausnahme weniger Wochen während der Lammzeit durch die Heide. Kaum ein anderes Nutztier wird derart artgerecht und umweltfreundlich gehalten.

Wer Ende des Winters kommt, kann die neugeborenen Lämmer sehen, die bei den Grauen Gehörnten Heidschnucken noch vollkommen schwarz sind. Erst im zweiten Jahr bekommen die Tiere ihr typisch graues Fell. Übrigens tragen bei dieser Art sowohl die Männchen als auch die Weibchen Hörner.

Am Schafstall gehen Sie rechts und nach 100 m gleich wieder links bis zur nächsten Kreuzung mit Wanderwegweiser. Hier wandern Sie rechts

Heidschnucken am Schafstall

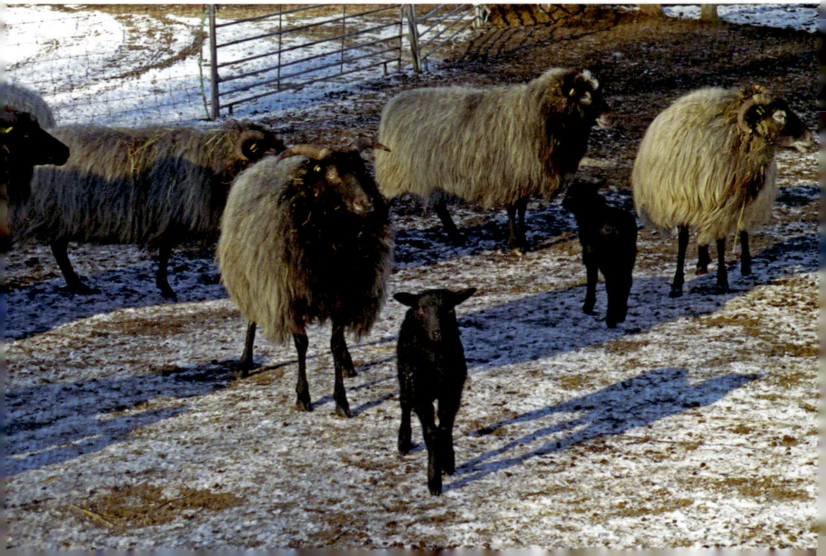

Richtung Schutzhütte Nemitzer Heide. An der nächsten Gabelung halten Sie sich rechts und gehen hinauf auf einen Hügel. Der Weg verläuft etwas unterhalb des Gipfels. Auf ihn führt aber ein kurzer Abstecher, den Sie unbedingt machen sollten, denn oben finden Sie einen herausragenden Rastplatz ❶ mit einer 360-Grad-Rundumsicht über die Heide und weit in die Landschaft hinein. Auf einem Holzpfosten weist eine Plakette auf eine Höhe von 38 m hin, ein stolzer Wert. Eine 2006 gepflanzte Eiche wird in einigen Jahren auch für Schatten sorgen.

Sie wandern weiter auf dem teilweise sandigen Weg durch die Heide, bis Sie an die mit Reet gedeckte kleine Schutzhütte gelangen. Ein weiterer schöner Rastplatz mit zahlreichen Bänken und Tischen.

Dann gehen Sie links und folgen dem Forstweg am Waldrand entlang Richtung Gartow. Nach 300 m zweigt links ein Weg mit dem Hinweis „Sprungstrecke“ ab. Gehen Sie hier weiter geradeaus, der Hinweis bezieht sich auf eine Strecke mit Sprüngen für Pferde und ihre Reiterinnen und Reiter.

An der nächsten Kreuzung, der sogenannten „Großen Kreuzung“, gehen Sie weiter geradeaus. Nach 700 m, noch etwa 300 m vor der Bundesstraße, biegen Sie nach links ab. Das weiße Richtungsdreieck auf einer Kiefer rechts kann leicht übersehen werden.

Sie wandern bis zum Ende des Weges an einem Kiefernwald, gehen dort links und 70 m weiter am Ende des Waldes wieder rechts. Etwa 300 m weiter kommen Sie aus dem Wald heraus und finden dort am Waldrand gleich einen schönen Rastplatz ❷ mit Bank und Tisch und einem schönen Blick auf die Heideflächen im Süden.

Sie folgen dem Weg, der erneut in den Wald führt, und erreichen kurz darauf eine Kreuzung mit Wanderwegweisern. Wer müde ist und schnell zurück zum Ausgangspunkt will, kann hier links gehen und erreicht nach 1,1 km das Nemitzer Heidehaus.

Die Rundtour über Trebel führt weiter geradeaus. Am Ende des Forstweges gelangen Sie an die B493, der Sie nach links auf dem Rad-/Fußweg folgen. Nach 700 m haben Sie das Zentrum des Dorfes ❸ an dem dreieckigen Platz erreicht. Auf der Nordseite steht das Hotel/Restaurant Trebeler Bauernstuben und am anderen Ende die sehenswerte Kirche. Mehrere Bänke und Tische bieten sich für eine Pause an.

✕ 🛏 Trebeler Bauernstuben, Am Markt 5, 29494 Trebel, ☎ 058 48/213, ✉ bauernstuben@gmx.de, 💻 www.trebeler-bauernstuben.de. 🚪 Die Öffnungszeiten werden den Jahreszeiten und größeren Veranstaltungen in der Region angepasst und sind aktuell auf der Internetseite zu erfahren. Im Sommer ist das Restaurant in der Regel Mi und Do ab 17:00 sowie Fr- So und an Feiertagen ab 12:00 geöffnet. Empfohlen wird auch eine telefonische Tischreservierung.

Details zu Trebel: ☞ Wanderung 20

Sie folgen dem Wegweiser Richtung Nemitz auf die Nemitzer Straße, biegen aber nach wenigen Metern schon wieder rechts in die Poststraße ab. Sie folgen der einspurigen Asphaltstraße durch den Wald, bis sie nach gut 500 m eine leichte Rechtskurve macht. Hier gehen Sie links auf einen unbefestigten Feldweg, der zunächst am Waldrand und später auch entlang von Heide bis an die Nemitzer Straße führt. Kurz vor der Straße können Sie sich schon nach links wenden und gelangen nach wenigen Schritten wieder an Ihren Ausgangspunkt.

Das gelbe Kreuz an diesem Haus symbolisiert den Atomgegner-Protest

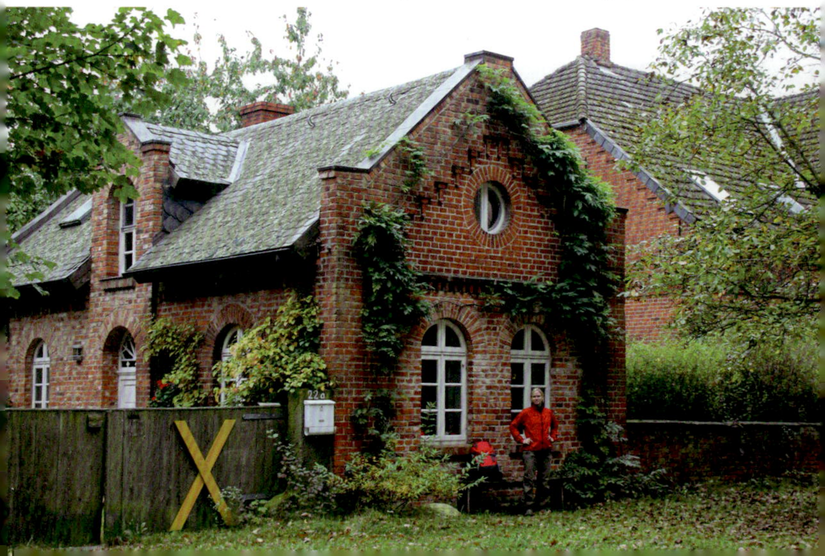

⑳ Trebel: Rundtour über Marleben

Tour für Naturliebhaberinnen und Naturliebhaber

Die Wanderung führt von Trebel, einem alten Dorf mit großem Marktplatz und einer der ältesten Kirchen im Sprengel Lüneburg, durch dichten Nadelwald nach Marleben, ein kleiner Rundling mit außergewöhnlich vielen Übernachtungsmöglichkeiten. Von Marleben geht es durch die offene Feldmark wieder zurück zum Ausgangspunkt, wo Sie sich in den Trebeler Bauernstuben mit regionalen Speisen und Heidschnuckenspezialitäten stärken können.

☺ *Die Tour lässt sich gut mit der Wanderung 19 zu einer großen Runde verbinden.*

↻ Start/Ziel: an den Trebeler Bauernstuben am Markt, GPS N 52°59.742' E 011°19.109'

➲ 7,2 km

⌛ 1 Std. 45 Min.

Trebeler Bauernstuben

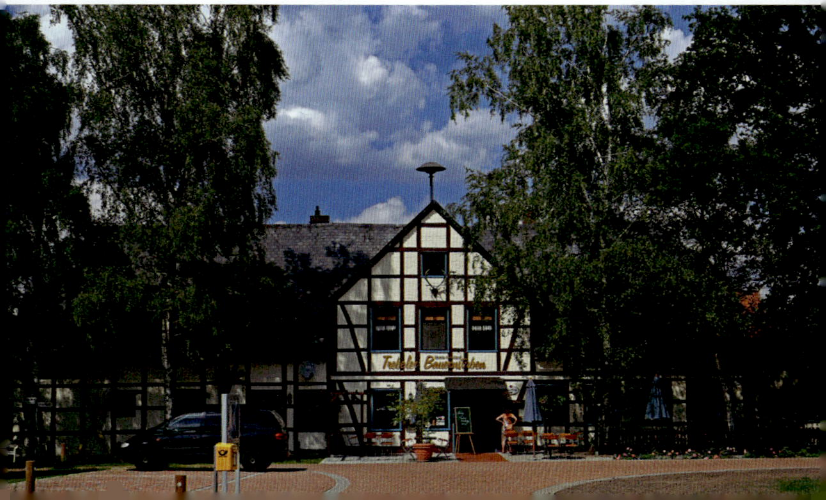

↑↓ auf der ganzen Strecke nur unwesentliche An- und Abstiege

⇧ 20-35 m

✎ weißes Richtungsdreieck auf schwarzem Grund und zahlreiche Wanderwegweiser

Der Weg verläuft im Wesentlichen auf unbefestigten und befestigten Wirtschafts- und Waldwegen. Nur zwei sehr kurze Abschnitte führen entlang stärker befahrener Straßen.

✕ am Ausgangspunkt Trebeler Bauernstuben, ansonsten keine Einkehrmöglichkeit

Rastplatz an Start und Ziel, Rastplatz am Dorfeingang von Marleben (km 3,7), Rast- und Spielplatz in der Dorfmitte (km 3,9), Bank (km 4,7)

Für Kinder gibt es nur einen kleinen Spielplatz in Marleben.

Auf einigen wenigen Wegabschnitten im Wald ist der Boden oft aufgewühlt und nach starken Regenfällen morastig.

Hunde müssen grundsätzlich nicht angeleint sein.

P Rund um den Marktplatz stehen ausreichend Parkmöglichkeiten zur Verfügung.

Linie 8060 Lüchow – Gartow – Vietze

Trebel liegt am Westrand des Gartower Forstes. Auf dem großen, dreieckigen Marktplatz wurden früher überregional bedeutende Märkte abgehalten. Heute hat er diese Funktion verloren, einen Wochenmarkt gibt es in Trebel schon lange nicht mehr.

Die Feldsteinkirche des Dorfes, eine romanische Wehrkirche, stammt aus der Mitte des 12. Jahrhunderts. Sie ist damit eine der ältesten Kirchen im Sprengel Lüneburg. Ein Turm wurde erst im 17. Jahrhundert angebaut, aber schon gut 100 Jahre später wegen Baufälligkeit abgerissen. Der heutige Turm wurde 1753 errichtet. Der Altar stammt aus dem Jahr 1717 und die weltberühmte Orgel, von Johannes Stein erbaut, aus dem Jahr 1777.

Im Westen des Platzes, am Johann-Gerhard-Stein-Weg, liegt das Pfarrhaus. Der einstöckige Fachwerkbau stammt aus dem Jahr 1798. Im Norden begrenzt das Restaurant/Hotel Trebeler Bauernstuben den Platz. Der Fachwerkbau auf der Ostseite des Platzes stammt aus dem Jahr 1820.

✕ Trebeler Bauernstuben, Am Markt 5, 29494 Trebel, ☏ 058 48/213, bauernstuben@gmx.de, www.trebeler-bauernstuben.de. Die Öffnungszeiten werden den Jahreszeiten und größeren Veranstaltungen in der Region angepasst und sind aktuell auf der Internetseite zu erfahren. Im Sommer ist das Restaurant in der Regel Mi und Do ab 17:00 sowie Fr- So und an Feiertagen ab 12:00 geöffnet. Empfohlen wird auch eine telefonische Tischreservierung.

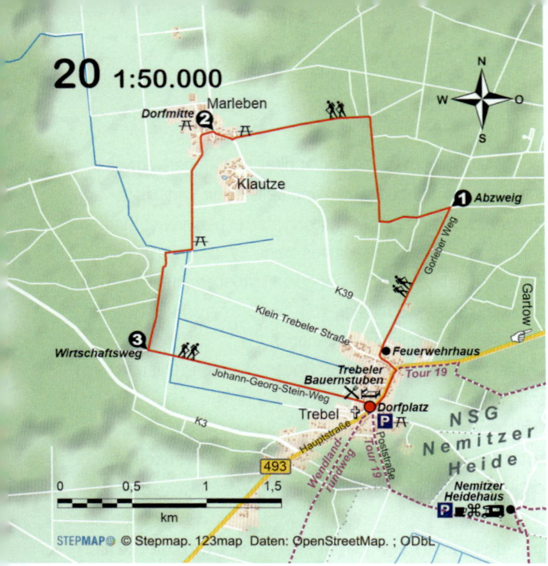

Sie beginnen die Wanderung am Dorfplatz an den Trebeler Bauernstuben und gehen entlang der Bundesstraße Richtung Gartow in nordöstlicher Richtung. Nach etwa 600 m biegen Sie in der Rechtskurve der B493 an einem Wanderwegweiser links auf die nach Marleben führende Straße ab, gehen an der Schule vorbei und folgen dahinter der Straße nach rechts vorbei am kleinen Feuerwehrhaus und einem Löschteich. Kurz darauf biegt die Straße nach links. Sie gehen hier weiter geradeaus auf den Gorleber Weg, der auf einen Wald zuführt.

Am Waldrand angekommen passieren Sie ein einsam stehendes Wohnhaus und gehen weiter in den Kiefernwald hinein. Nach etwa 750 m verlassen Sie an einer Kreuzung ❶ den befestigten Forstweg nach links. Sie folgen dem Weg bis zu seinem Ende, wo Sie sich nach rechts wenden. Etwa 700 m weiter biegen Sie links auf einen weiteren Forstweg ab, der aus dem Wald hinausführt. Voraus sind schon die Häuser von Marleben zu sehen.

Am Ort kurz vor der Hauptstraße kommen Sie an einen schönen ⛼ Rastplatz. Rechts liegen einem Rundling nachempfunden einige Ferienhäuser (Ferien- und Bauernhof Gauster, 💻 https://www.ferienhof-gauster.de). An der Straße gehen Sie nach rechts ins Zentrum von Marleben ❷. Hier finden Sie ein Buswartehäuschen, das bei Regen Schutz bietet, und in der Mitte des Platzes eine gute ⛼ Rastmöglichkeit mit Bank und Tisch sowie einen Spielplatz.

Marleben, ursprünglich ein Rundling mit nur einem einzigen Zugang, wurde 1795 durch einen Großbrand völlig zerstört und anschließend wieder aufgebaut. Aus dieser Zeit sind noch die Zweiständer-Hallenhäuser am Dorfplatz erhalten geblieben. Die freie Fläche im Süden des Platzes entstand nach einem weiteren Großbrand 1883. Marleben bietet für seine bescheidene Größe mit nur etwas mehr als 20 Einwohnerinnen und Einwohnern eine erstaunliche Fülle von Übernachtungsmöglichkeiten. Neben dem Ferienhof Gauster noch den Reiterhof Klaucke in einem Reetdachhaus (💻 www.reiterhof-klaucke.de), die Wohnungen im Fachwerkhaus Uhlenhorst (💻 www.marleben.de) und den Jagdhof Siebeneichen (💻 www.tarnnetze.net).

Sie gehen links am Spielplatz und am Wendekreis vorbei. Auf der einspurigen Teerstraße wandern Sie aus dem Ort. Der Weg führt jetzt bis zu seinem Ende durch die offene Feldmark. Wenig weiter macht die Straße eine Rechtskurve. Hier biegen Sie links auf eine ebenfalls befestigte Straße ab. Nach etwa 550 m endet die Teerstraße. Geradeaus weiter geht es nach wenigen Metern zu einer Bank. Sie gehen hier aber noch vor der Bank nach rechts auf einen unbefestigten Feldweg, der an einem schön geschwungenen Bach entlangführt.

150 m weiter heißt es aufpassen. Am Ende einer leichten Rechtskurve des Feldweges biegen Sie links auf einen von Bäumen gesäumten Feldweg ab, eine Abzweigung, die man leicht übersehen kann.

Sie folgen dem Weg am Waldrand entlang und treffen am Ende des Waldes auf einen unbefestigten Wirtschaftsweg ❸, auf dem Sie nach links gehen. Der Weg, der von der nächsten Kreuzung an asphaltiert ist und zu einer schönen Allee wird, führt Sie schnurgerade bis zu Ihrem Ausgangspunkt am Markt in Trebel zurück.

Die romanische Kirche in Trebel

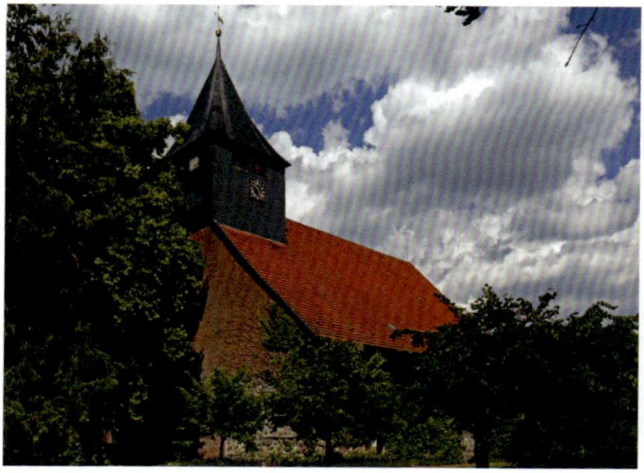

21 Lüchow: Großer Rundlingsweg

Tour für Fans alter Siedlungsformen

Rundlinge oder Rundlingsdörfer sind eine besondere Siedlungsform, bei der die Höfe um einen runden oder ovalen Dorfplatz angesiedelt sind. Es gibt sie nur in einem Streifen zwischen Ostsee und Erzgebirge, der die mittelalterliche Kontaktzone zwischen Slawen und Deutschen bildet. Am häufigsten und besten erhalten sind die Rundlinge im Wendland. Ungeklärt ist bis heute, warum die Dörfer ursprünglich in dieser Form angelegt wurden, zumal diese Siedlungsform einen entscheidenden Nachteil hat: Sie ist endlich. Wenn der Kreis bis auf den Zugang geschlossen ist, kann das Dorf nicht mehr erweitert werden.

Die Samtgemeinde Lüchow plant für bis zu 15 Rundlingsdörfer im Wendland die Anerkennung als Weltkulturerbe bei der UNESCO zu beantragen, darunter die auf dieser Wanderung liegenden Orte Gühlitz, Jabel, Lübeln, Reetze und Satemin. Obwohl Niedersachsen nur zwei Vorschläge einreichen durfte und wesentlich mehr Bewerbungen hatte, hat das Bundesland die Bewerbung als „Weltkulturerbe Rundlingsdörfer" Ende 2021 als sogenannten Tentativantrag an die zuständige Kultusministerkonferenz weitergeleitet.

Die Rundwanderung führt durch die schönsten Rundlinge des Wendlands.

- ↻ Start/Ziel: am Markt vor dem Alten Rathaus, GPS N 52°58.051' E 011°09.345'
- ➲ 17,7 km
- ⧗ 4 Std. 30 Min.
- ↑↓ auf der ganzen Strecke nur unwesentliche An- und Abstiege
- ⇧ 15-30 m
- ✎ weißes Richtungsdreieck auf schwarzem bzw. grünem Grund, stellenweise Wanderwegweiser
- Der Weg verläuft zum größten Teil entlang befestigter und unbefestigter Wirtschaftswege und Straßen, in kürzeren Abschnitten auch auf Waldwegen und Pfaden.
- ✕ zahlreiche Einkehrmöglichkeiten in Lüchow, entlang des Weges in Lübeln (km 4,6) und Satemin (km 10,9)

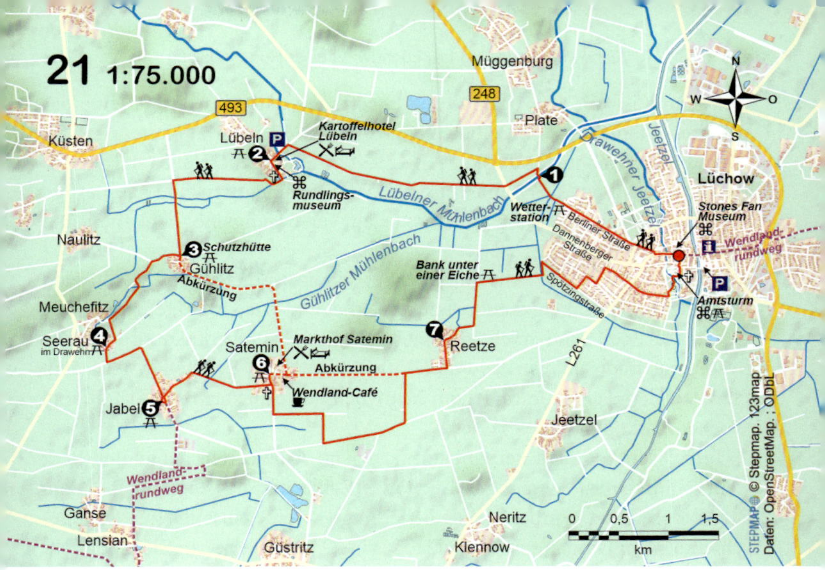

Bank an der Wetterstation (km 1,3), Rastplatz Lübeln (km 4,6), Schutzhütte Gühlitz (km 6,8), Rastplatz Seerau (8,2 km), Rastplatz Jabel (km 9,4), Rastplatz Satemin (km 10,9), Bank unter Eiche (km 14,9), Amtsgarten (km 17,4)

Für Kinder gibt es entlang der Strecke keine besonderen Höhepunkte.

Für Buggys ist die Tour ausgesprochen gut geeignet.

Hunde können außerhalb der Setzzeit auf dem größten Teil des Weges frei laufen und finden unterwegs an mehreren Stellen Trinkmöglichkeiten.

P Direkt am Ausgangspunkt finden Sie keine Parkmöglichkeit. In Lüchow gibt es mehrere größere, allerdings nicht kostenlose Parkplätze. Wenn Sie nicht unbedingt von Lüchow aus starten müssen, empfehle ich, in einem der Rundlingsdörfer zu parken, wo Sie überall direkt am Weg Möglichkeiten finden.

Linie 8000 Neu Darchau – Hitzacker – Dannenberg – Lüchow, 8001 Hitzacker – Gartow – Neu Darchau – Lüchow, 8020 Roche – Waddeweitz – Lüchow, 8030 Lüchow – Uelzen, 8032 Lüchow – Clenze, 8060 Lüchow – Gartow – Vietze

☺ Wer sich detailliert über die Rundlinge im Wendland informieren möchte, kann dies auf der Internetseite des Rundlingsvereins machen (www.rundlingsverein.de)

☺ Wem die gesamte Tour zu lang ist, der hat die Möglichkeit, sie an zwei Stellen (bei Gühlitz um etwas mehr als 2 km und bei Satemin um gut 1 km) abzukürzen.

Lüchow ist mit fast 10.000 Einwohnerinnen und Einwohnern eine der größeren Städte im Wendland. Der Mitte des 12. Jahrhunderts erstmals urkundlich erwähnte Ort besitzt seit 1293 das Stadtrecht. Heute ist Lüchow als Verwaltungssitz des Landkreises Lüchow-Dannenberg eine geschäftige Kleinstadt, die eine große Bandbreite an Versorgungsmöglichkeiten und Unterkünften bietet.

Sehenswert ist die Altstadt, die bei einem verheerenden Stadtbrand 1811 fast vollkommen zerstört und anschließend wieder aufgebaut wurde. Aus dieser Zeit sind noch zahlreiche schöne Fachwerkhäuser erhalten. Besonders imposant ist das Alte Rathaus mit dem Ratskeller. Auf dem Platz vor dem Gebäude findet am Mittwoch und Samstag (8:00-12:00) ein Wochenmarkt statt.

Interessant ist auch der Amtsturm, der im Amtsgarten genannten Park steht, ein Rest des ehemaligen Lüchower Schlosses, das ebenfalls bei dem Brand vernichtet wurde. Heute beherbergt er ein Museum zur Stadtgeschichte. Vom Umgang des Turmdaches in 22 m Höhe haben Sie einen sehr guten Rundumblick auf die Stadt und die Umgebung. Von dem Schloss selbst sind nur noch wenige Reste der Grundmauern erhalten.

Ebenfalls sehenswert ist die evangelisch-lutherische Kirche St. Johannis aus dem 15. Jahrhundert, die ohne einen Turm auskommt.

Weltweit einzigartig ist das Stones Fan Museum, in dem Sie auf 1.000 m² Exponate rund um die Rolling Stones finden und in einem kleinen irischen Pub neben alkoholfreien Getränken und Kaffee auch ein Guiness zu sich nehmen können.

i Tourismusverein Region Wendland, Amtshof 2A, 29439 Lüchow, ☎ 058 41/974 73 86, info@region-wendland.de, www.region-wendland.de, 15. April-15. Oktober Mo bis Fr 10:00-16:30, Sa 10:00-13:00, in der übrigen Zeit Mo bis Fr 10:00-15:00, sonn- und feiertags geschlossen

⌘ Amtsturm, Amtsgarten, 29439 Lüchow, ☎ 058 41/12 60, info@amtsturm.de, www.amtsturm.de, April-Oktober Fr 14:00-16:00, Sa 13:00-16:00, So 12:00-15:00, Mo 10:00-13:00, Änderungen vorbehalten

⌘ Stones Fan Museum, Dr.-Lindemann-Str. 14, 29439 Lüchow, ☎ 058 41/59 02, mail@stonesfanmuseum.de, www.stonesfanmuseum.com, von Ostersonntag bis 31. Oktober täglich 12:00-18:00, Mo Ruhetag

Sie beginnen Ihre Wanderung am Markt vor dem Alten Rathaus in der Langen Straße und folgen dieser in westlicher Richtung. Sie überqueren die Drawehner Jeetzel und biegen etwa 100 m weiter, noch bevor die Straße eine Linkskurve macht, rechts und gleich wieder links in die Schützenstraße ab. Sie folgen der Straße, die später Berliner Straße heißt, aus Lüchow hinaus. An den letzten Häusern an der Wetterstation Lüchow endet die Straße und geht in einen Fußweg über. ⩩ Eine Bank bietet sich für eine erste Pause an.

Sie folgen dem Weg bis zum Lübelner Mühlenbach ❶, den Sie auf einer Fußgängerbrücke überqueren. Gleich hinter der Brücke gehen Sie links auf einen Feldweg, dem Sie die nächsten knapp 3 km durch landwirtschaftlich genutzte Flächen bis kurz vor Lübeln folgen. Dort erreichen Sie eine Asphaltstraße, an der Sie nach links gehen. Vorbei an einem großen Parkplatz kommen Sie in das Zentrum des Vorzeigerundlings Lübeln ❷.

Lübeln ist eines der schönsten Rundlingsdörfer überhaupt und ein großer Anziehungspunkt für Touristen. In der Saison ist es daher etwas überlaufen.

Eingang zum Rundlingsmuseum in Lübeln

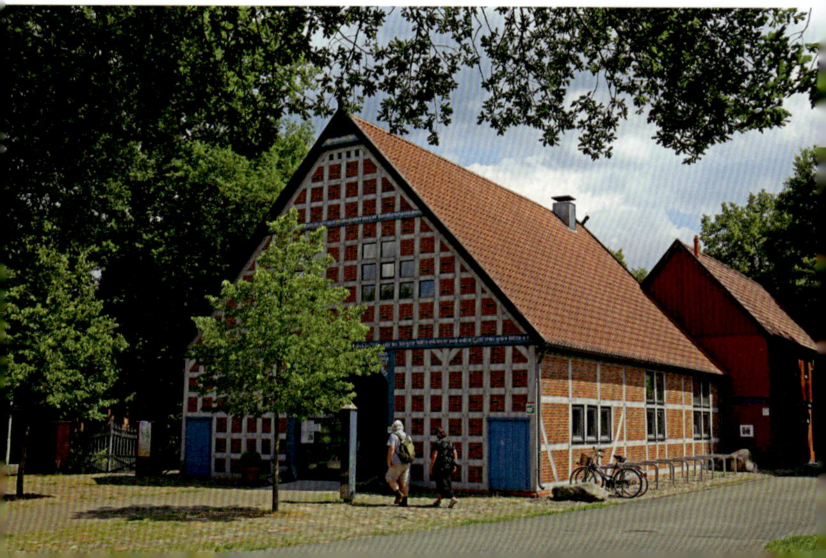

Das Dorf ist ungewöhnlich groß – der Dorfplatz hat einen Durchmesser von fast 100 m – und sehr gut erhalten. Mehrere Häuser bieten Unterkunftsmöglichkeiten und Speis und Trank und in Hofläden können Sie bäuerliche Produkte erwerben.

Einen Besuch wert ist das Rundlingsmuseum, ein Freiluftmuseum mit Hallenhäusern in Zwei-, Drei- und Vierständerbauweise, in dem sich alles um das Thema Rundling dreht. Die Marienkapelle, ein schöner Fachwerkbau, wurde 1909 errichtet. Im Turm hängt eine Glocke aus dem 14. Jahrhundert und zu Gottesdiensten werden Holzfiguren ausgestellt, die aus dem 15. Jahrhundert stammen.

Kartoffelhotel Lübeln, Lübeln 1, 29482 Küsten/OT Lübeln, ☎ 058 41/13 60, über Kontaktformular auf der Internetseite, www.kartoffel-hotel.de, ganzjährig, Restaurant tägl. ab 18 Uhr, um Tischreservierung wird gebeten. Im Restaurant des Hotels dreht sich alles um die Kartoffel.

⌘ Rundlingsmuseum Wendland, Lübeln 2, 29482 Küsten/OT Lübeln, ☎ 058 41/96 29 30, info@rundlingsmuseum.de, www.rundlingsmuseum.de, 1. April bis 31. Oktober täglich (Mo Ruhetag) 10:00-17:00, in der übrigen Zeit geschlossen

Von der Dorfmitte folgen Sie den Richtungspfeilen zur 1909 erbauten Kapelle, die Sie rechts am Museum vorbei nach wenigen Metern erreichen.

Hinter der Kapelle gehen Sie rechts und wandern zwischen Feldern und Weiden, bis Sie nach etwa 1,1 km an eine Kreuzung gelangen. Hier gehen Sie links auf den betonierten Wirtschaftsweg, der Sie nach Gühlitz ❸ bringt.

☺ An der Kreuzung mit Schutzhütte am Dorfeingang haben Sie die Möglichkeit, die Tour um etwas mehr als 2 km abzukürzen, indem Sie weiter geradeaus gehen und der zweispurigen Straße bis Satemin folgen.

Gühlitz ist ein kleinerer Rundling, dessen Struktur noch gut erhalten ist. Besonders beeindruckend ist das Vierständerhaus Gühlitz 1 aus dem Jahr 1774. Das gegenüberliegende Dreiständerhaus ist noch älter, es stammt aus dem Jahr 1732.

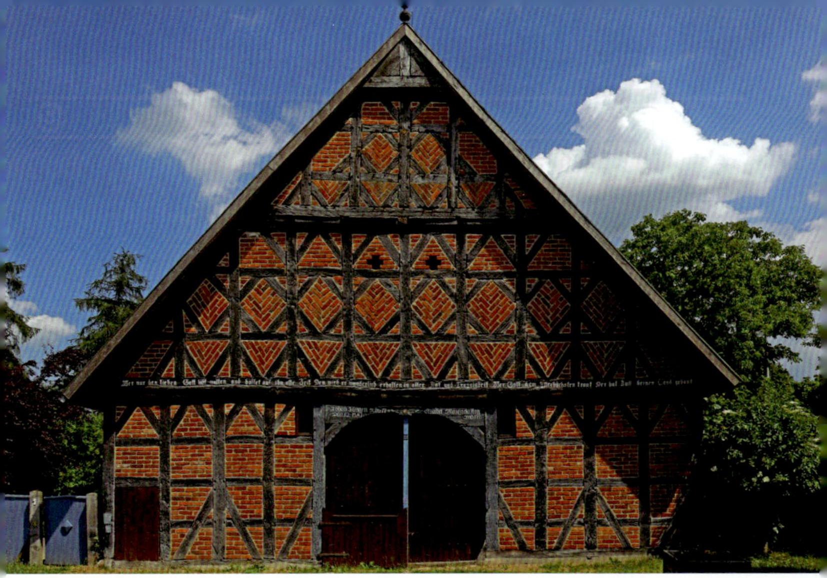

Fachwerkhaus in Gühlitz

Die Hauptroute verläuft hier nach rechts zum nächsten Dorf nach Seerau. Etwa 300 m hinter der Kreuzung biegen Sie links von der Asphaltstraße auf einen Waldweg ab. Sie folgen den Markierungen durch den Wald, überqueren einen schönen Bach und biegen unmittelbar vor Meuchefitz links ab. Zur Orientierung dient ein grauer Schaltkasten links des Weges, den Sie wenige Meter nach dem Abbiegen passieren. Am Ende treffen Sie auf eine Asphaltstraße, die Sie rechts nach wenigen Metern nach Seerau ❹ bringt.

Die Höfe des erstmals 1330 erwähnten Dorfes Seerau gruppierten sich ursprünglich um einen dreieckigen Platz. Heute ist von dieser Anordnung durch Zusammenlegungen von Höfen und Veränderungen an den Bauten nichts mehr zu erkennen.

Sie wandern durch das Dorf, wo Sie am Dorfteich eine gute ⩩ Rastmöglichkeit finden, gehen dahinter an der Asphaltstraße nach links und folgen 350 m weiter der Straße nach rechts. Nach gut 500 m erreichen Sie die Dorfmitte des Rundlings Jabel ❺, im Gegensatz zu Seerau ein sehr sehenswertes Dorf. Der ⩩ Rastplatz im Zentrum bietet sich für eine ausgiebige Pause an.

Das gesamte Dorf Jabel, 1838 in weiten Teilen abgebrannt, steht unter Denkmalschutz und bietet mit seinen gut sanierten Fachwerkfassaden ein schönes Bild. Die Struktur des Dorfes ist ungewöhnlich, westlich der Dorfstraße liegen im Halbrund mehrere Höfe, östlich der Straße bilden sie ein Reihendorf. Seit 1972 ist Jabel ein Ortsteil von Lüchow.

An der Kreuzung folgen Sie dem Wanderwegweiser Richtung Satemin und erreichen nach 300 m einen Hofladen, wo Sie u. a. Galloway-Fleisch, Kartoffeln und Gemüse kaufen können. Gleich dahinter am Wanderwegweiser gehen Sie rechts und gelangen nach 1,1 km in den Rundling Satemin ❻, der zu den schönsten Dörfern dieser Art gehört.

Schon von Weitem ist die Kirche des Dorfes zu sehen. Sie gehen an ihr vorbei bis zum Ende der Straße. Links geht es in 100 m ins eigentliche Zentrum des Ortes, ein Abstecher, der sich unbedingt lohnt. Dort finden Sie neben Verköstigungsmöglichkeiten und einer Töpferei auch einen schönen ⩩ Rastplatz.

Satemin zählt zu den schönsten Rundlingen des Wendlands

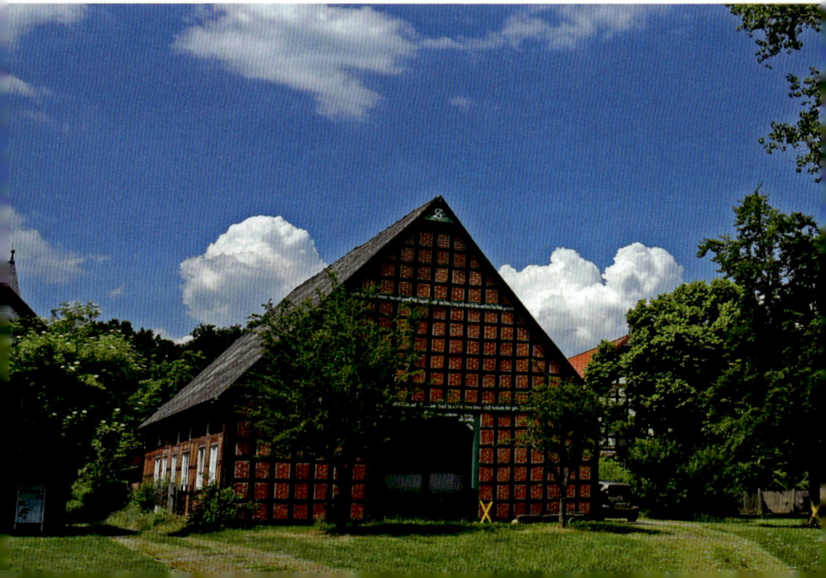

Satemin gehört mit Jübeln zu den sehenswertesten Rundlingen und ist heute das größte Rundlingsdorf im Wendland. Um den riesigen Dorfplatz liegen im Halbrund hübsche Vierständerhäuser. 1850 wurde das ganze Dorf durch ein verheerendes Feuer vernichtet, nur die Kirche und das Spritzenhaus blieben verschont. Noch im selben Jahr wurden die Häuser wieder aufgebaut, wovon Spruchbalken in den Fassaden zeugen. Die Feldsteinkirche stammt aus dem 13. Jahrhundert mit Altarfiguren aus dieser Zeit.

Jährlich zu Pfingsten zieht die Kulturelle Landpartie zahlreiche Besucherinnen und Besucher an. Mehr als 60 Ausstellerinnen und Aussteller präsentieren ihre Werke aus verschiedenen Bereichen des Kunsthandwerks und Designs. Daneben gibt es Essen und Trinken bei guter Musik.

Rechts vom Markthof Satemin finden Sie das Atelier des Künstlers Helion, der landschaftliche Motive in Aquarell, Pastell und verschiedenen Mischtechniken herstellt (☏ 058 41/97 19 89, 💻 www.helion.satemin.de, 🚪 Sa und So 11:00-17:00 und wenn das Banner „Malerei“ draußen hängt).

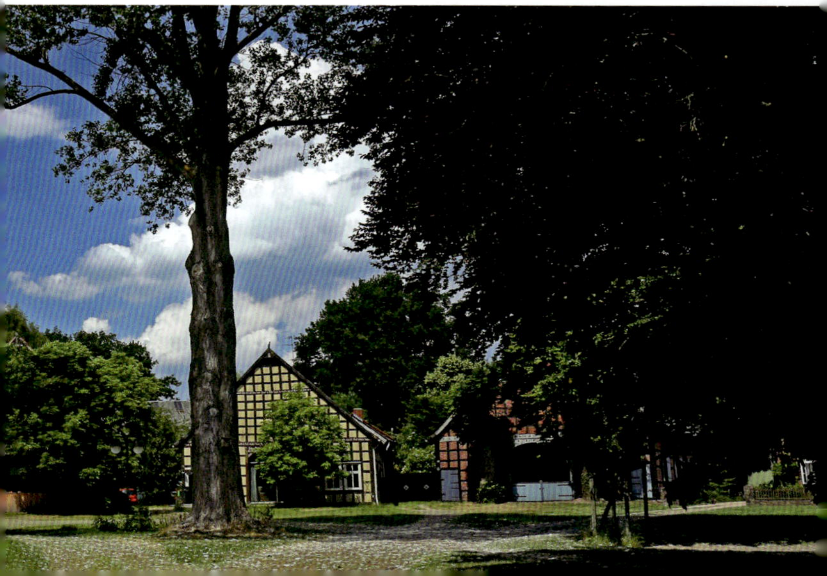

Wendland-Café, Satemin 1, 29439 Lüchow/OT Satemin, ☏ 058 41/709 11 05 oder privat 058 41/70 67 4, mail@wendland-cafe.de, www.wendland-cafe.de, April bis Oktober Mi-So 13:00-18:00, November bis März nur Sa und So 13:30-17:30

Landhotel, Café und Restaurant Markthof Satemin, Satemin 25, 29439 Lüchow/OT Satemin, ☏ 058 41/70 92 30, rezeption@markthof-satemin.de, www.markthof-satemin.de, ganzjährig, Hotel und Restaurant sind sehr beliebt. Für das Hotel empfiehlt sich eine rechtzeitige Vorausbuchung.

☺ Sie können vom Zentrum Satemins auch direkt nach Reetze gehen. Dazu verlassen Sie das Zentrum auf der Straße ostwärts. Sie sparen auf diese Weise gut 1 km, müssen aber mit Autoverkehr rechnen.

Der Wanderweg führt nach rechts an der Kirche vorbei aus dem Dorf hinaus. Bei der nächsten Möglichkeit gehen Sie nach links auf einen asphaltierten Weg. Knapp 500 m weiter verlassen Sie diesen wieder nach rechts auf einen ebenfalls asphaltierten Weg, an dessen Ende Sie sich nach links auf den unbefestigten Feldweg wenden.

Nach gut 800 m, in Höhe des ersten Windrades, biegen Sie links auf einen asphaltierten Wirtschaftsweg ab, wandern auf die Hauptstraße zu und gehen dort rechts. 400 m weiter biegen Sie links unmittelbar vor dem Ortsausgangsschild in den alten Kern des Rundlingsdorfes Reetze ein.

Der letzte Rundling auf der Wanderung ist Reetze ❼. Obwohl das zu Lüchow gehörende Dorf, das 1330 erstmals erwähnt wurde, erhebliche Veränderungen aufweist, ist es dennoch gut als Rundling zu erkennen. Die 11 Vierständer-Hallenhäuser stammen aus der Zeit zwischen 1809 und 1873.

Im Zentrum halten Sie sich rechts und verlassen das Dorf auf der einspurigen, asphaltierten Straße. Etwa 800 m hinter dem Zentrum des Dorfes erreichen Sie eine Abzweigung. Ein weißes Dreieck weist den Weg nach rechts Richtung Lüchow. Wenig weiter gelangen Sie unter einer mächtigen Eiche an eine Bank, ein schöner Platz für eine kurze Verschnaufpause.

Sie folgen weiter der Straße, die bald in einen unbefestigten Feldweg übergeht, der an einer Fußgängerbrücke, die über einen kleinen Bach führt, endet. Hinter der Brücke gehen Sie links. Gut 100 m weiter an einer Bank biegen Sie am Wäldchen scharf nach rechts ab. Sie erreichen die Spötzingstraße, der Sie gut 200 m folgen, bis links ein schmaler Fußweg abzweigt, der Sie zur Humboldtstraße bringt.

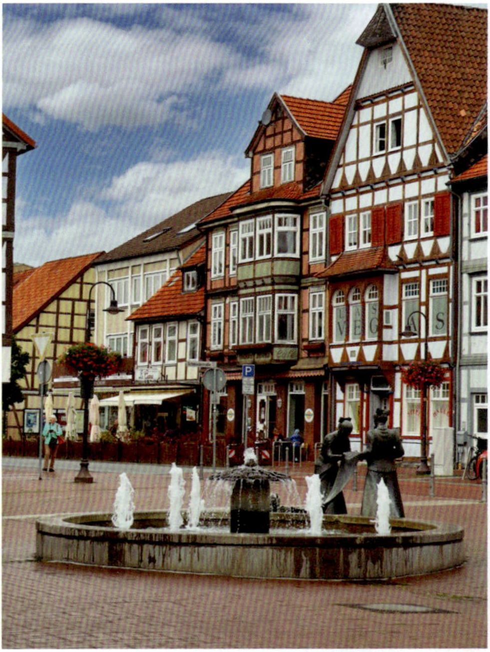

Rathausplatz in Lüchow

Sie gehen rechts, verlassen diese Straße aber nach gut 100 m gleich hinter einem Spielplatz auch schon wieder nach links in die Lübelner Straße. Etwa 200 m weiter biegen Sie rechts in die Senator-Brünger-Straße ein. Sie folgen der Straße, die hinter einer Kreuzung dann Wiesengrund heißt, bis zu ihrem Ende, gehen links in die Bleichentwiete und dort gleich rechts in den Amtsgarten, einen großen Park mit dem historischen Amtsturm.

Sie folgen der Markierung durch den Park, überqueren die Drawehner Jeetzel, wandern am Amtsturm vorbei und gelangen am Ende des Parks in die Burgstraße, auf der Sie geradeaus gehen, bis Sie an Markt und Rathaus wieder an Ihren Ausgangspunkt stoßen.

Südlicher Drawehn

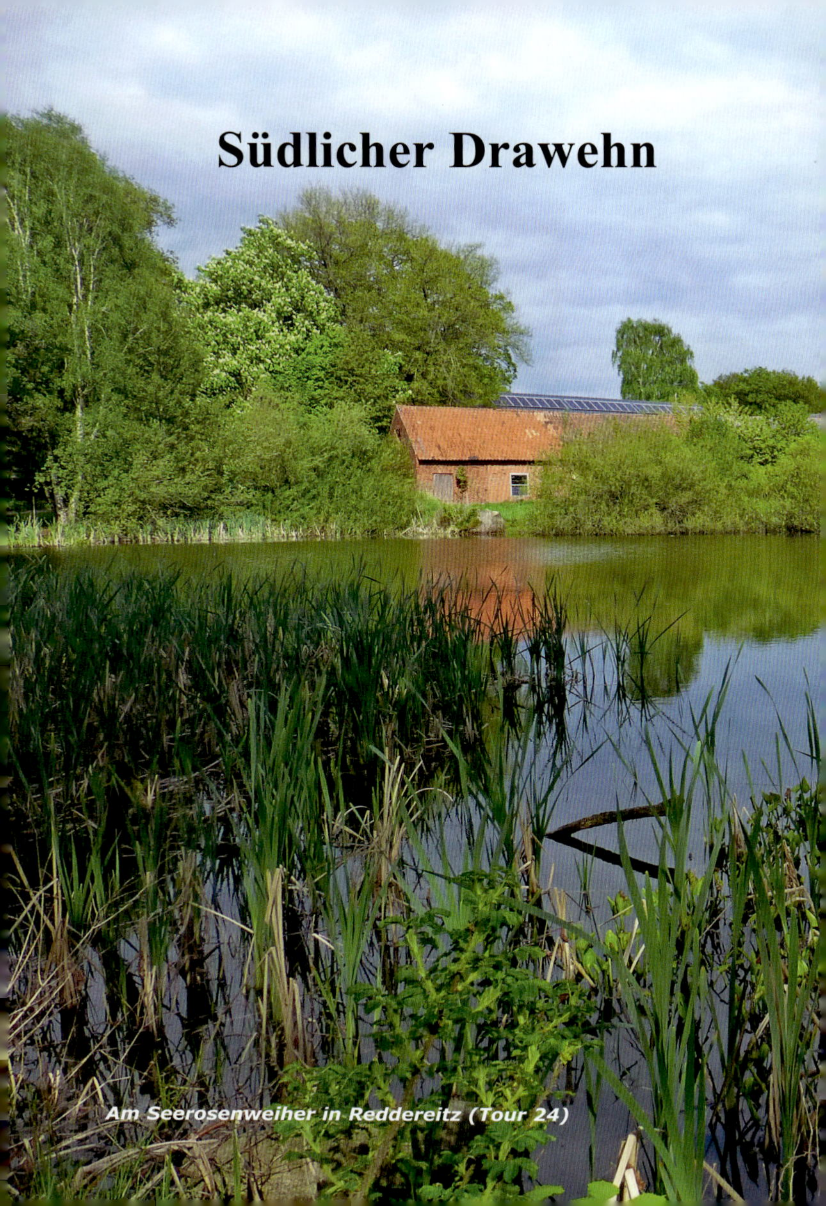

Am Seerosenweiher in Reddereitz (Tour 24)

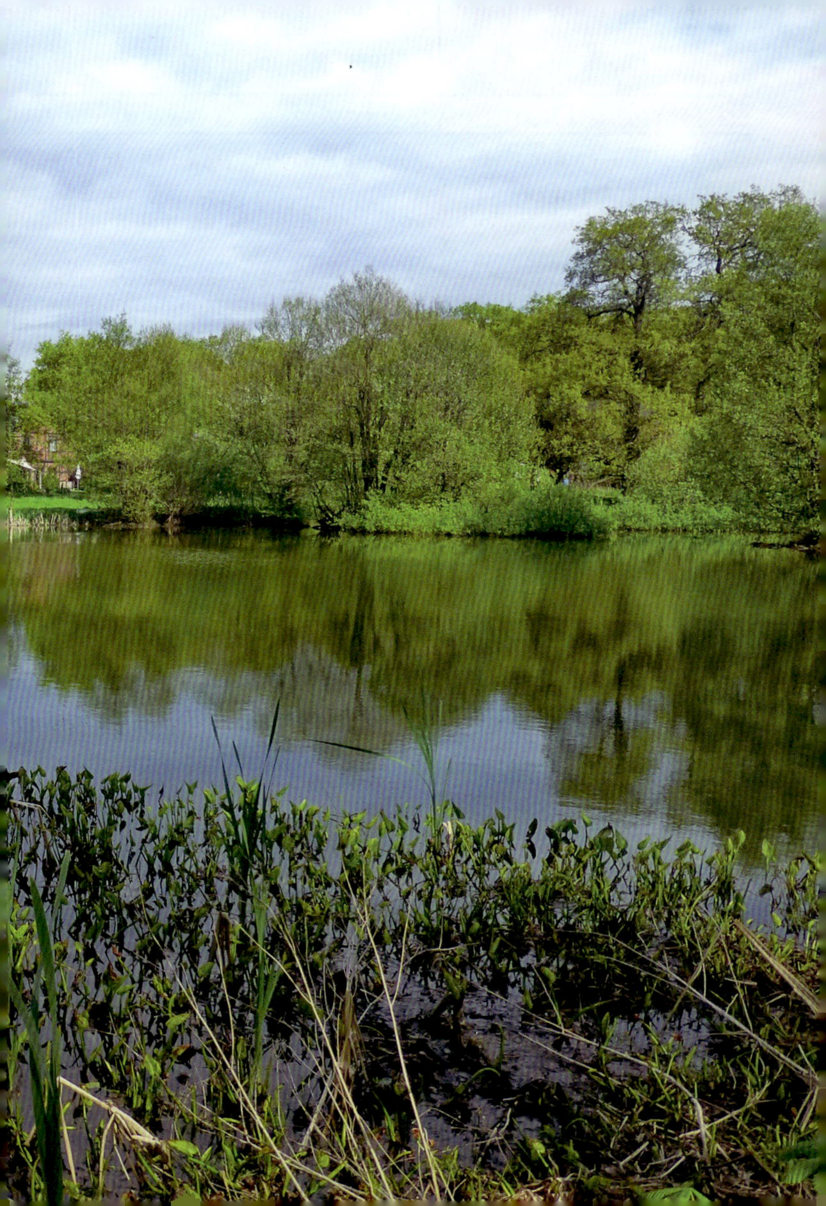

22 Bergen: Dummewiesenweg

Tour für Fans von Natur, Romantik und Wassermühlen

Die Rundtour gehört zu den schönsten Wanderungen, die man im Wendland unternehmen kann. Sie verläuft durch zwei Naturschutzgebiete, das NSG Obere Dummeniederung mit ihrem ausgedehnten Feuchtgrünland und das NSG Gain mit artenreichen Wäldern und Niederungsbereichen, und streift bei Jiggel ein drittes, das NSG Schnegaer Mühlenbachtal. Der Weg führt an mehrere besonders schöne Orte wie z. B. den romantischen Dummeübergang im NSG Gain oder die idyllische Wassermühle bei Jiggel. Auf zahlreichen informativen Schautafeln erfahren Sie Wissenswertes aus Natur und Landschaft, Kultur und Geschichte. In einer Beobachtungshütte können Sie sich die Rufe von Froschlurchen anhören. Nach der Tour können Sie sich in Bergen in einem Imbiss oder Restaurant mit Speis und Trank stärken.

☺ *Die Tour lässt sich gut mit der Wanderung 23 zu einer großen Runde verbinden.*

Start/Ziel: Parkplatz am Informationshaus in Bergen, GPS N 52°53.387' E 010°58.119'

7,3 km

2 Std.

auf der ganzen Strecke nur unwesentliche An- und Abstiege

20-30 m

weißes Richtungsdreieck, stellenweise Wanderwegweiser

Die Wanderung verläuft zum größten Teil auf unbefestigten Wirtschafts- und Waldwegen. Besonders die Abschnitte im Wald können nach stärkeren Regenfällen sehr matschig sein.

mehrere Einkehrmöglichkeiten in Bergen

Rastplatz am Ausgangspunkt, Rastmöglichkeit an der Dumme-Brücke (km 2,2), Schutzhütte (km 2,8), Beobachtungshütte (km 3,1), Rast- und Spielplatz Jiggel (km 4), Rastplatz an der Wassermühle (km 4,2)

WC Toiletten am Informationshaus, die allerdings schon seit vielen Jahren geschlossen sind.

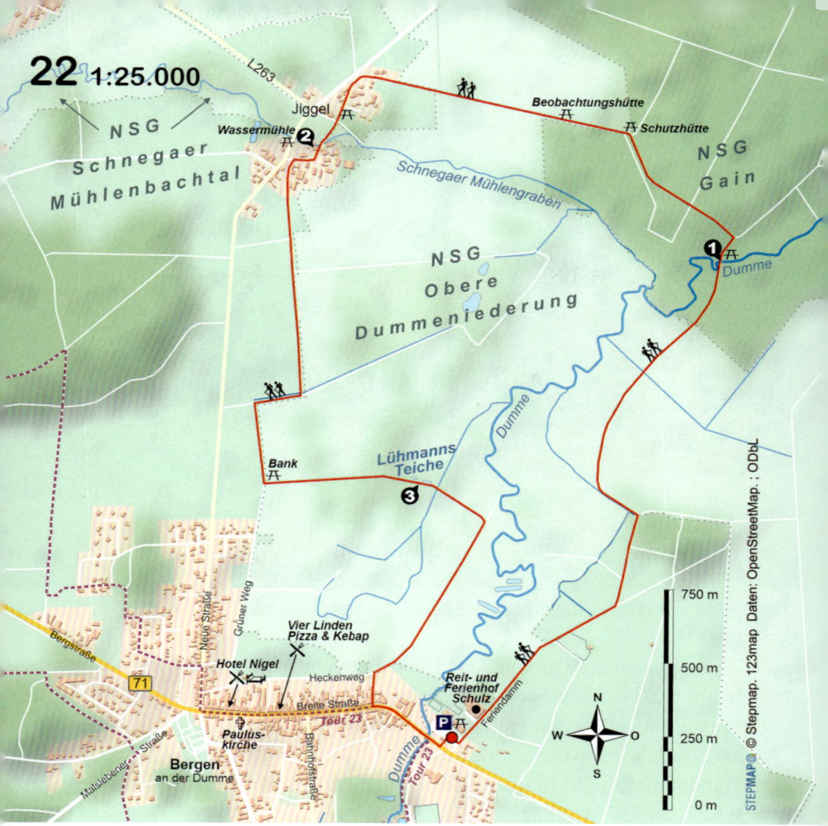

Für Familien mit Kindern ist der Weg wegen der Beobachtungshütte mit den Froschrufen, der Mühle am Bach, der Spiel- und Grillmöglichkeit und der zahlreichen interessanten Schautafeln besonders gut geeignet.

Für Buggys ist der Weg im Wald an der Dumme nach stärkeren Regenfällen stellenweise nur sehr schwer passierbar. An der Dumme-Brücke muss das Gefährt die Stufen hinauf und wieder hinuntergetragen werden.

Hunde sind auf dem größten Teil des Weges an der kurzen Leine zu führen.

P großer Parkplatz am Informationshaus an der B71 am Ostende des Ortes

Linie 8030 Lüchow – Uelzen, 8033 Clenze – Bergen

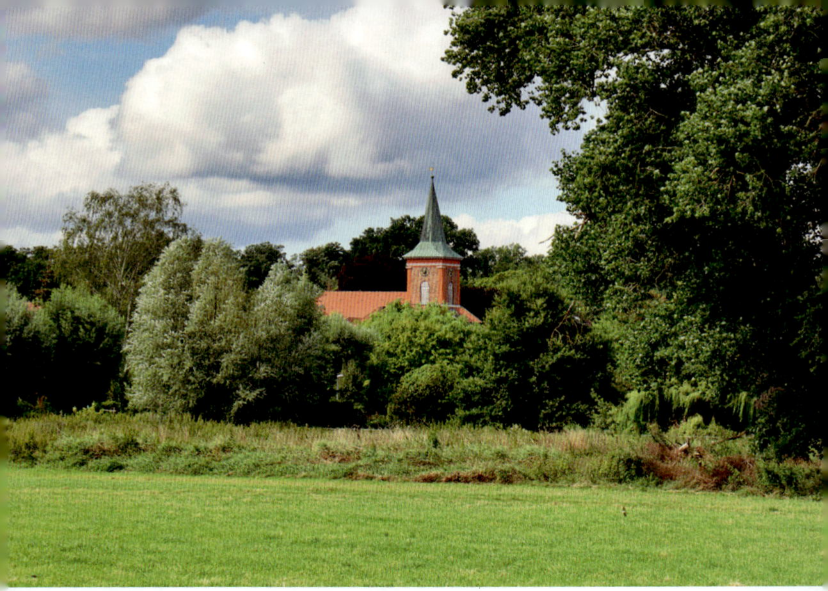

Blick auf die Pauluskirche in Bergen an der Dumme

Bergen an der Dumme, der 1.600 Einwohnerinnen und Einwohner zählende Ort im Südwesten des Wendlands, ist ein guter Ausgangspunkt für Wanderungen am Südrand des Naturparks Elbhöhen-Wendland. Die mehr als 800 Jahre alte Gemeinde kam im 18. Jahrhundert zu Wohlstand, als der Handel mit im Ort hergestellten Leinenwaren blühte. 1840 vernichtete ein Großbrand 56 Wohnhäuser.

Nach dem Zweiten Weltkrieg lag Bergen direkt an der Grenze zur DDR und wurde von seinem wirtschaftlichen Hinterland, insbesondere von Salzwedel, abgeschnitten, was eine dramatische Änderung der Wirtschaftsstruktur zur Folge hatte. Viele Betriebe mussten schließen, Bürgerinnen und Bürger zogen fort. Das hat sich nach der Wiedervereinigung geändert, heute liegt Bergen wieder mitten in Deutschland.

Sehenswert sind die alten Fachwerkhäuser an der Hauptstraße (B71/Breite Straße), die den Ort auf einer Länge von mehr als 1 km durchquert. Die 1840 abgebrannten Häuser wurden nach der Katastrophe durch meist zweigeschossige Fachwerkbauten ersetzt, die bis heute erhalten sind und unter Denkmalschutz stehen. Zahlreiche prächtige Bauwerke befinden sich darunter. Zu den wenigen Häusern, die den Brand unbeschadet überstanden haben, gehört das ehemals Königliche Brauhaus von 1724 in der Breiten Str. 68.

Auch die Pauluskirche musste nach dem Brand neu erbaut werden. Der klassizistische Saalbau mit dem Turm auf der Nordseite fügt sich gut in das Stadtbild ein. Ebenso wurde das Hotel Nigel in der Breiten Str. 9 erst nach dem Brand errichtet.

✕ 🛏 Hotel Nigel, Breite Str. 9, 29468 Bergen an der Dumme, ☎ 058 45/96 00, ✉ nigel@nigel.de, 💻 www.nigelhotel.de, 🚪 ganzjährig, Restaurant: täglich ab 17:00, Fr-So und an Feiertagen ab 12:00, keine festen Schließzeiten

✕ Vier Linden Pizza & Kebap, Breite Str. 25, 29468 Bergen an der Dumme, ☎ 058 45/752 95 35, 🚪 täglich von 11:00-22:00, So erst ab 12:00

Die Wanderung beginnt am Park- und Rastplatz an der B71 (Breite Straße) am Ostende des Ortes. Der erst vor einigen Jahren errichtete schmucke Fachwerkbau sollte eigentlich die Touristeninformation beherbergen. Dazu ist es allerdings nie gekommen und so steht das Gebäude heute ungenutzt da. Auch die Toiletten sind seit Jahren verschlossen.

An der Zufahrt zum Parkplatz halten Sie sich links dem Wanderwegweiser Richtung Dumme-Brücke folgend. Sie wandern am Reit- und Ferienhof Schulz vorbei, wo schöne Ferienwohnungen vermietet werden (💻 www.ferienreitschule.de).

Gleich hinter dem Reiterhof gelangen Sie in das NSG Obere Dummeniederung.

Nach etwa 700 m biegen Sie links von der Asphaltstraße auf einen sandigen Feldweg Richtung Gain-Brücke ab. Sie gelangen in einen kleinen Wald und halten sich an der Gabelung am Ende des Waldes links. An zwei Infotafeln vorbei erreichen Sie das NSG Gain.

Sie folgen dem Weg in den Wald und gelangen nach knapp 300 m an die Dumme, über die die Gain-Brücke ❶, eine hölzerne Fußgängerbrücke, führt. Ein wunderbarer, romantischer Ort, von dem man sich nur schwer wieder trennen kann.

Nur etwa 100 m hinter der Brücke mündet der Weg in einen breiteren Forstweg, dem Sie nach links folgen. Nach gut 500 m erreichen Sie eine Abzweigung nach rechts. Sie halten sich links und bleiben auf dem

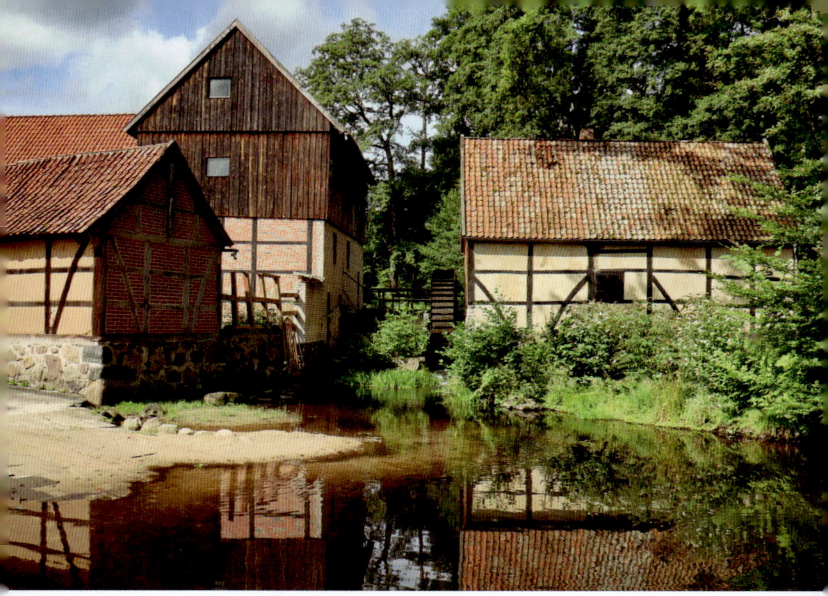

An der Wassermühle in Jiggel

Hauptweg, wo Sie nach etwa 250 m an einen Beobachtungshütte gelangen. Im Innern können Sie sich die Stimmen verschiedener Froschlurche anhören.

Sie verlassen das NSG Gain, gelangen übergangslos in das NSG Obere Dummeniederung und wandern zum Rundlingsdorf Jiggel. Kurz vor der Hauptstraße weist Sie ein Wanderwegweiser nach links auf die einspurige Asphaltstraße Richtung Bergen.

150 m weiter gelangen Sie an einen ⩩ Rast- und Spielplatz mit Grillmöglichkeit und einer großen Schutzhütte. Eine sehr gute Rastmöglichkeit, die aber noch übertroffen wird, wenn Sie 100 m weiter gehen. Dort stoßen Sie an eine Wassermühle ❷ am Schnegaer Mühlengraben. ⩩ Ein wunderbarer, idyllischer Rastplatz direkt an Bach und Mühle mit Blick auf das sich unermüdlich drehende Mühlrad. Den Bach können Sie auf einer Fußgängerbrücke trockenen Fußes überqueren, die Furt daneben wird noch heute von Fahrzeugen genutzt.

Hinter dem Bach halten Sie sich rechts vorbei an dem schönen Hof mit einem alten Ziehbrunnen und gehen kurz vor der Hauptstraße links auf die einspurige Asphaltstraße. Gleich hinter dem letzten Haus passieren Sie ein Storchennest mit einer Infotafel zu Bruterfolgen.

Die Asphaltstraße geht in einen Feldweg über. Am Ende überqueren Sie einen kleinen Bach und gehen dahinter rechts. Nach 150 m verlassen Sie den Weg wieder nach links auf einen ebenfalls unbefestigten Feldweg. Sie gehen nun direkt auf die Pauluskirche von Bergen zu, biegen aber nach 300 m an einer Bank erneut links ab und gelangen wieder in das NSG Obere Dummeniederung.

Vorbei an Lühmanns Teichen ❸, einer Anlage zur Vermehrung der seltenen Bachforelle, kommen Sie in offenes Wiesengelände, das von der Dumme durchflossen wird. Sie folgen dem Weg, der sich kurz vor dem Fluss Richtung Südwesten wendet.

An den ersten Häusern von Bergen erreichen Sie eine Abzweigung mit Wanderwegweiser. Wer weiter ins Zentrum will, geht hier geradeaus. Wer zum Informationshaus am Start zurück möchte, hält sich links und an der Hauptstraße erneut links, wo nach wenigen Hundert Metern wieder der Ausgangspunkt erreicht wird.

Lühmanns Teiche

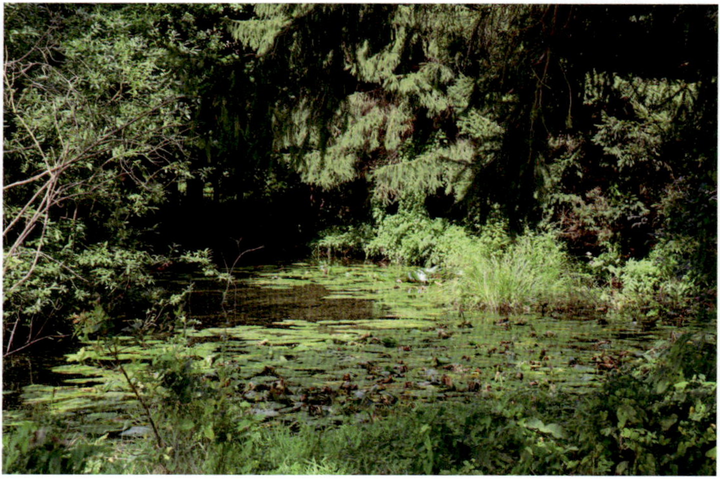

23 Bergen: Kirschbaumallee und Aussichtsturm

Tour für Naturbegeisterte und Fans alter, städtischer Fachwerkhäuser

Die Rundwanderung verläuft zunächst über die Breite Straße, die Hauptstraße Bergens. Hier können Sie zahlreiche alte, städtische Fachwerkwohnhäuser bewundern. Weitere Highlights sind die Kirschbaumallee, die besonders während der Blüte ein prächtiges Bild abgibt, das Naturdenkmal Rieseneiche und der Grill- und Rastplatz auf dem Osterfeuerberg am Fuß eines hölzernen Aussichtsturms, von dem Sie einen fantastischen 360-Grad-Rundumblick haben.

☺ *Die Tour lässt sich gut mit der Wanderung 22 zu einer großen Runde verbinden.*

Start/Ziel: Parkplatz am Informationshaus in Bergen,
GPS N 52°53.387' E 010°58.119'

7,4 km

2 Std. 15 Min.

100 m/100 m

20-60 m

weißes Richtungsdreieck auf schwarzem Grund, gelegentlich Wanderwegweiser

Der Weg verläuft vor allem auf unbefestigten Wirtschafts- und Waldwegen, ein kleinerer Anteil entlang asphaltierter Straßen.

direkt am Weg keine Einkehrmöglichkeit, mehrere in Bergen

Rastplatz am Ausgangspunkt, Rastplatz am Ende der Kirschbaumallee (km 2,8), Bank an der Rieseneiche (km 5,4), Grill- und Rastplatz am Aussichtsturm (km 6)

Freibad (km 6,9)

Für Familien mit Kindern ist der Weg wegen des Rastplatzes mit Grillmöglichkeit am Aussichtsturm und des Freibads gut geeignet.

Auf einem Abschnitt ist der Weg etwas zerfurcht, im Wald stellenweise sandig, an einem Bach muss der Buggy auf einer Brücke mit wenigen Stufen getragen werden, ansonsten gibt es keine Einschränkungen für Buggys.

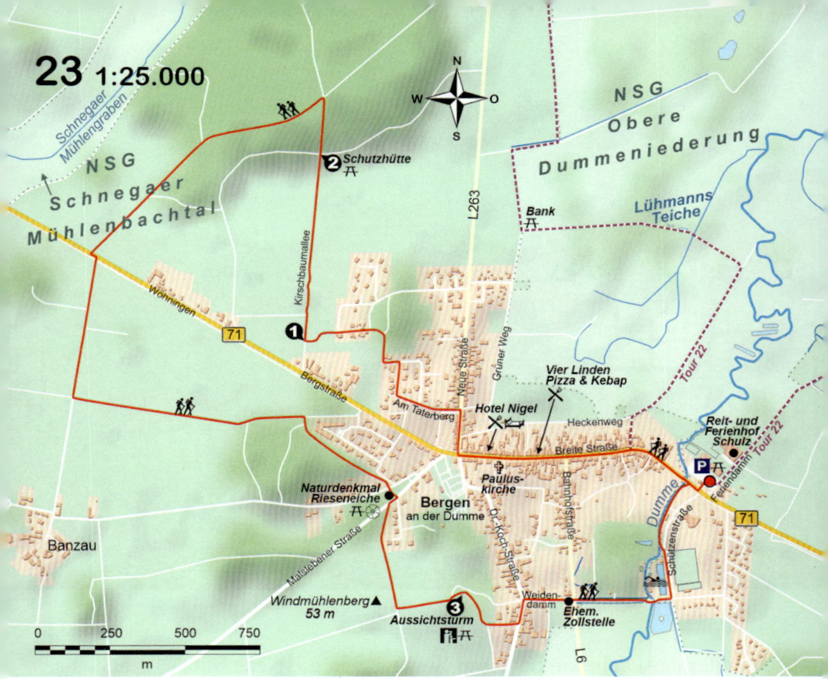

Für Hunde besteht auf den meisten Abschnitten keine generelle Leinenpflicht.

P großer Parkplatz am Informationshaus an der B71 am Ostende des Ortes.

Linie 8030 Lüchow – Uelzen, 8033 Clenze – Bergen

Weitere Informationen zu Bergen: ☞ Wanderung 22

Ausgangspunkt ist der Park- und Rastplatz am Informationshaus an der B71 (Breite Straße) am Ostende des Ortes. Der erst vor einigen Jahren errichtete schmucke Fachwerkbau sollte eigentlich die Touristeninformation beherbergen. Dazu ist es allerdings nie gekommen und so steht das Gebäude heute ungenutzt da. Auch die Toiletten sind seit Jahren verschlossen.

Sie gehen vom Parkplatz auf die Hauptstraße und dort rechts Richtung Zentrum. Entlang des Weges passieren Sie zahlreiche schöne Fachwerkhäuser, die nach dem großen Brand von 1840 errichtet wurden. Gut 100 m

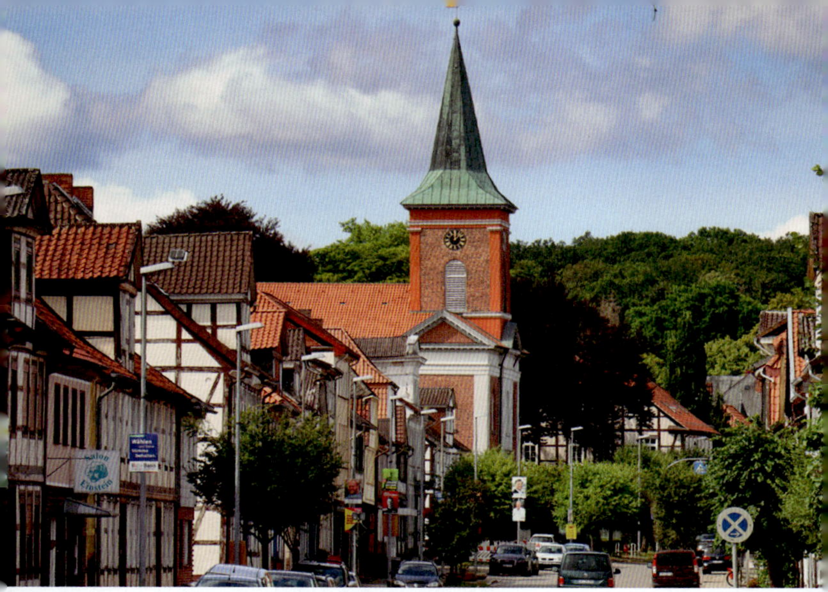

Die Hauptstraße in Bergen mit der Pauluskirche

hinter der Pauluskirche gehen Sie rechts in die Neue Straße, die Sie nach 150 m wieder links in die Straße Am Taterberg verlassen, die steil bergauf führt.

Sie folgen der Straße um eine Rechtskurve bis zu ihrem Ende, dort gehen Sie links. Nach 50 m endet die Straße vor einem Feld. Rechts führt zwischen Straße und Zaun ein Pfad ab, auf dem Sie auf ein Wäldchen zugehen. Sie folgen dem Pfad um die Linkskurve und gelangen nach wenigen Metern an eine Siedlung, wo Sie den Pfad geradeaus verlassen und durch die Siedlung wandern. Kurz hinter der Siedlung stoßen Sie auf einen breiteren Feldweg, die sogenannte Kirschbaumallee ❶, die rechts und links von zahlreichen Kirschbäumen flankiert wird. Die Kirschbaumallee gehört zur Route der alten Obstsorten im Wendland. Besonders zur Kirschblüte im Frühjahr und auch im Spätsommer, wenn die Kirschen reif sind, ist dies ein wunderbarer Weg.

Die Route der alten Obstsorten im Wendland verbindet Streuobstwiesen, Obstbaumalleen und alte Einzelbäume miteinander. Allen gemein ist, dass es sich um alte, z. T. nur lokale Obstsorten handelt, die früher kultiviert wurden, heute aber oft in Vergessenheit geraten sind, weil sie sich für den kommerziellen Ertragsanbau nicht oder nur ungenügend eignen. Heute beginnt eine Rückbesinnung auf die alten Sorten und immer mehr Menschen finden Gefallen an dem vielfältigen Geschmack und den unterschiedlichen Aromen. Mehr Informationen über die Route der alten Obstsorten und andere Obstbaumbestände im Wendland erhalten Sie unter www.route-der-alten-obstsorten-im-wendland.de.

Die Allee führt auf einen Wald zu, an dessen Anfang Sie einen sehr schönen Rastplatz ❷ mit Schutzhütte finden.

Sie wandern weiter geradeaus in den schönen Kiefernwald und gelangen etwa 200 m hinter der Schutzhütte an eine Kreuzung. Dort gehen Sie links, folgen dem Waldweg und ignorieren die links und rechts abzweigenden Wege. Nach einer Weile verlassen Sie den Wald und erreichen die B71, die Sie links versetzt überqueren.

Sie wandern die einspurige Asphaltstraße aufwärts und kommen knapp 500 m hinter der Bundesstraße an eine Kreuzung, an der Sie nach links auf dem unbefestigten Feldweg auf einen Buchen-/Eichenwald zugehen. Der Weg führt am Waldrand entlang weiter. Kurz vor dem Ende des Waldes, noch vor dem umzäunten Grundstück, gehen Sie rechts auf einem Pfad in den Wald hinein und wandern am Rande eines links liegenden Wohngebietes abwärts bis zu einer Asphaltstraße, die Sie überqueren.

Am Naturdenkmal Rieseneiche

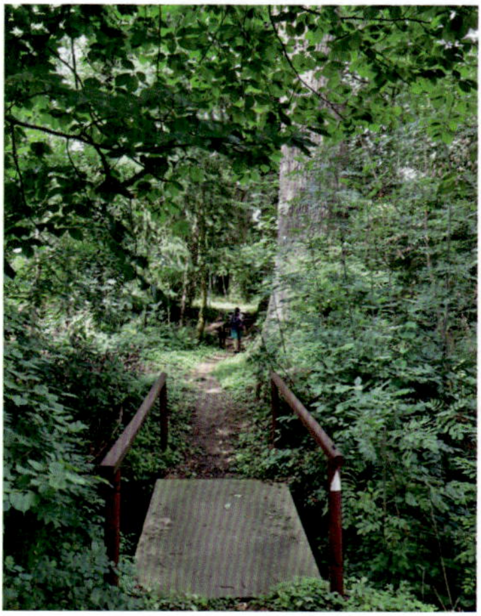

Dahinter zwischen zwei Bächen stehen Sie vor einer Rieseneiche, die als Naturdenkmal klassifiziert ist. Eine Bank lädt zu einer Rast ein.

Gleich dahinter gelangen Sie an eine weitere Asphaltstraße, die Sie wenige Meter nach rechts gehen, um sie gleich wieder nach links Richtung Aussichtsturm auf eine einspurige Asphaltstraße zu verlassen. Die Straße führt steil bergauf. Oben angekommen halten Sie sich an der Abzweigung links und gehen direkt auf den Aussichtsturm auf dem Osterfeuerberg zu. Am Fuße des Turms ❸ finden Sie einen schönen Rastplatz mit Bänken und Tischen, einem Grillplatz und einer Schutzhütte. Vom Turm selbst haben Sie einen herrlichen Blick auf die Landschaft des Drawehn.

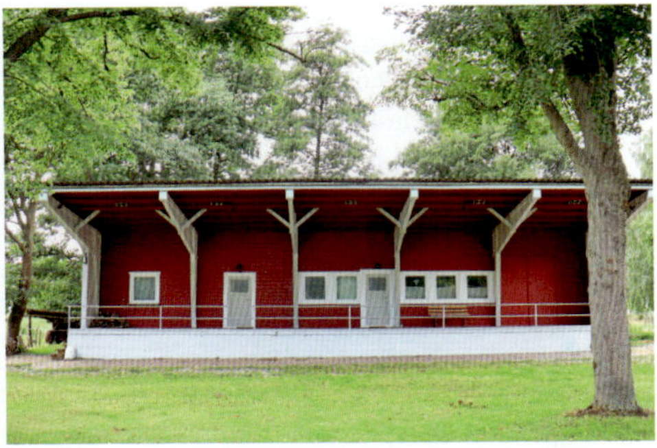

Das Abfertigungsgebäude am ehemaligen innerdeutschen Grenzübergang

Sie verlassen den Platz nach rechts abwärts auf einem unbefestigten Feldweg, der in einem Wohngebiet an eine Asphaltstraße stößt, an der Sie nach links gehen. An der nächsten Abzweigung gehen Sie schon wieder rechts in den Weidendamm. Etwa 150 m weiter kreuzen Sie die Bahnhofstraße. Hier war von 1949 bis 1952 ein Grenzübergang in die ehemalige DDR. Die Gebäude, inzwischen in Privatbesitz, zeugen heute noch davon.

Sie gehen an der Kreuzung geradeaus weiter und überqueren auf einer Fußgängerbrücke die Dumme. Rechts liegt ein größeres Gewässer. Eine Bank mit Blick auf den See lädt zu einer kurzen Verschnaufpause ein. Links vom Weg liegt das beheizte Freibad Bergens (Mai bis September täglich 05:30-08:00 und 13:00-19:00, Sa, So, feiertags und in den niedersächsischen Sommerferien 10:00-19:00).

Sie folgen dem Weg wenige Meter und gehen gleich bei der nächsten Möglichkeit links. Vorbei am Freibad erreichen Sie am Ende des zugehörigen Parkplatzes eine Abzweigung nach links, die zum Ufer der Dumme führt. Auf einem Plattenweg können Sie nun entlang der Dumme bis zur B71 wandern. Sie überqueren die Straße und sind gleich dahinter wieder an Ihrem Ausgangspunkt angelangt.

24 Clenze: Clenzer-Schweiz-Weg

Tour für Naturliebende und Geologieinteressierte

Mit fast 20 km ist der Clenzer-Schweiz-Weg die längste in diesem Buch vorgestellte Wanderung. Und mit 320 Höhenmetern müssen Sie auch die größte Höhendifferenz überwinden. Der Weg bietet an sich keine Schwierigkeiten, erfordert aber wegen seiner Länge und der Anstiege eine gewisse Kondition. Er verläuft in stetem Auf und Ab durch die Clenzer Schweiz, einen überwiegend bewaldeten Teil des Drawehn.

Zwei richtige Highlights hat der Weg zu bieten: zum einen den Findlingspark kurz hinter Reddereitz und zum anderen den 114 m hohen Güneitberg, der mit einem wunderbaren Rastplatz mit grandioser Aussicht lockt. Weitere außergewöhnlich schöne Rastmöglichkeiten, wie z. B. am Seerosenweiher in Reddereitz, sorgen für ausreichend Gelegenheit, wieder zu Kräften zu kommen.

Mau sieht es dagegen mit Verpflegungsmöglichkeiten während der Tour aus. Das durchaus empfehlenswerte Restaurant Kutscherstuben im Landhaus Heidehof hat nur an wenigen Tagen geöffnet und die ehemals beliebte Blockhütte ist inzwischen geschlossen. Wer aber mit geistiger Nahrung zufrieden ist, findet unterwegs zahlreiche Schautafeln mit interessanten Informationen zu Natur und Landschaft.

↻ Start/Ziel: in der Hauptstraße (Lange Str. 33) an der Zuwegung Kirche St. Bartholomäus, GPS N 52°55.993' E 010°57.226'

➲ 19,9 km

⌛ 6 Std.

↑↓ 320 m/320 m

⇧ 30-125 m

✎ stellenweise weißer Richtungspfeil auf schwazem bzw. grünem Grund sowie Wanderwegweiser

Die Tour verläuft zum größten Teil auf unbefestigten Wald- und Wirtschaftswegen und nur auf kürzeren Strecken entlang asphaltierter Straßen.

✕ Landhaus Heidehof (km 7,8), daneben finden Sie in Clenze einige Verköstigungsmöglichkeiten, z. B. den Pascha Grill an Start/Ziel oder die Pizzeria La Trattoria an der Abzweigung in die Korviner Straße kurz nach dem Start.

Rastplatz Seelwig (km 3,9), Bank auf Lichtung (km 6,3), Reddereitz Seerosenweiher (km 7,7), Findlingspark (km 8,9), Güneitberg (km 11,8), Bank unter Eiche (km 13,5), Bank am Findling (km 17,5), Bank in Bösen (km 18,5)

WC öffentliche Toiletten am Findlingspark (km 8,9)

Wegen des Findlingsparks mit seinen Spielmöglichkeiten und der Grillplätze für Familien mit Kindern gut geeignet, allerdings ist der Weg sehr lang. Er kann aber auf 14 km abgekürzt werden.

Einige Passagen sind sehr sandig, andere nach starken Regenfällen morastig.

Für Hunde besteht auf dem größten Teil des Weges kein genereller Leinenzwang, unterwegs gibt es Wasser in Reddereitz.

P Parkmöglichkeit auf einem öffentlichen Parkplatz in der Kirchstraße oder auf einem Seitenstreifen in der Kassauer Straße (Verlängerung der Hauptstraße nach Süden), wer nicht unbedingt in Clenze starten muss, der kann ebenso gut am Findlingspark starten, wo ein großer Parkplatz zur Verfügung steht.

Linie 8001 Hitzacker – Gartow – Neu Darchau – Lüchow, 8030 Lüchow – Uelzen, 8031 Clenze – Corvin – Clenze, 8032 Clenze – Lüchow – Clenze, 8033 Clenze – Bergen

☺ Es besteht die Möglichkeit, die Tour um ca. 6 km und damit auf knapp 14 km abzukürzen. Allerdings verpassen Sie dann den Güneitberg.

☺ Wem die Tour zu lang ist, der findet mit der Wanderung 25 (Reddereitz: Findlingspark und Güneitberg) eine gute Alternative.

Clenze ist der älteste urkundlich erwähnte Ort im Wendland. Der erste Nachweis auf einer Königsurkunde liegt für das Jahr 956 vor. Dort, wo heute die Kirche steht, hatten Slawen vor mehr als 1.000 Jahren eine Burg errichtet. Wie in Bergen wird auch in Clenze das Ortsbild von zahlreichen alten Fachwerkhäusern bestimmt. Auch hier hat ein Brand im Jahre 1827 weite Teile des Ortes zerstört. Allerdings wurden zahlreiche Gebäude von den Flammen verschont. Diese älteren Häuser erkennt man daran, dass ihre Giebel zur Straßenseite ausgerichtet sind. Die nach dem Brand entstandenen Häuser sind dagegen traufständig, d. h., Traufe und First stehen parallel zur Straße. Sie unterscheiden sich stilistisch deutlich von den älteren Häusern, sodass im Gegensatz zu Bergen das Ortsbild etwas uneinheitlich wirkt. Dennoch stehen auch hier große Teile der Altstadt unter Denkmalschutz.

Auch die Kirche St. Bartholomäus wurde nach dem Brand errichtet. Der neugotische Ziegelbau steht erhöht auf einem Hügel, einem alten, angeschütteten Burgberg.

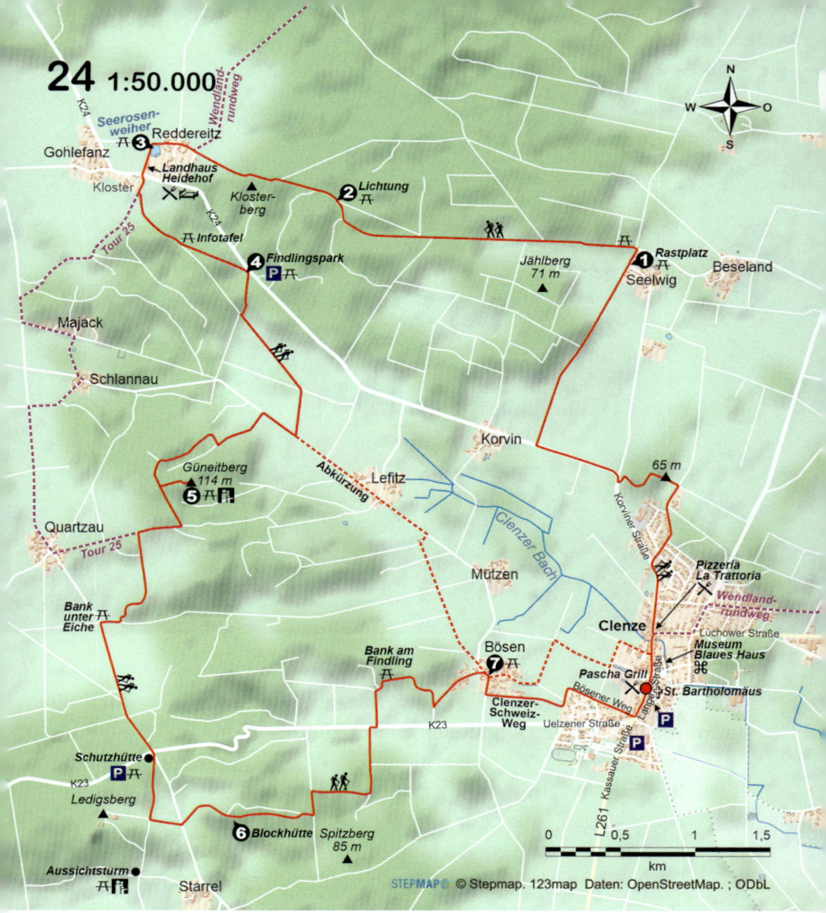
24 1:50.000
N
W
O
S
Seerosen-weiher
Reddereitz
Gohlefanz
Wendland-rundweg
K24
Kloster
Landhaus Heidehof
Klosterberg
Lichtung
Infotafel
Findlingspark
Rastplatz
Seelwig
Beseland
Jählberg 71 m
Tour 25
Majack
Schlannau
Korvin
65 m
Güneitberg 114 m
Abkürzung
Lefitz
Clenzer Bach
Quartzau
Korviner Straße
Pizzeria La Trattoria
Mützen
Bank unter Eiche
Clenze
Lüchower Straße
Museum Blaues Haus
Bank am Findling
Bösen
Pascha Grill
St. Bartholomäus
Bösener Weg
Lange Straße
Clenzer-Schweiz-Weg
K23
Uelzener Straße
Kassauer Straße
L261
Schutzhütte
Ledigsberg
Blockhütte
Spitzberg 85 m
Aussichtsturm
Starrel
0 0,5 1 1,5
km
STEPMAP © Stepmap. 123map Daten: OpenStreetMap. ; ODbL

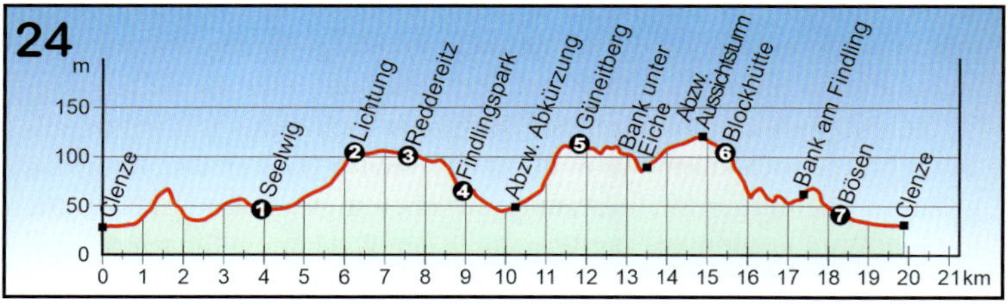
24
m
150
100
50
0
Clenze
Seelwig
Lichtung
Reddereitz
Findlingspark
Abzw. Abkürzung
Güneitberg
Bank unter Eiche
Abzw. Aussichtsturm
Blockhütte
Bank am Findling
Bösen
Clenze
0 1 2 3 4 5 6 7 8 9 10 11 12 13 14 15 16 17 18 19 20 21 km

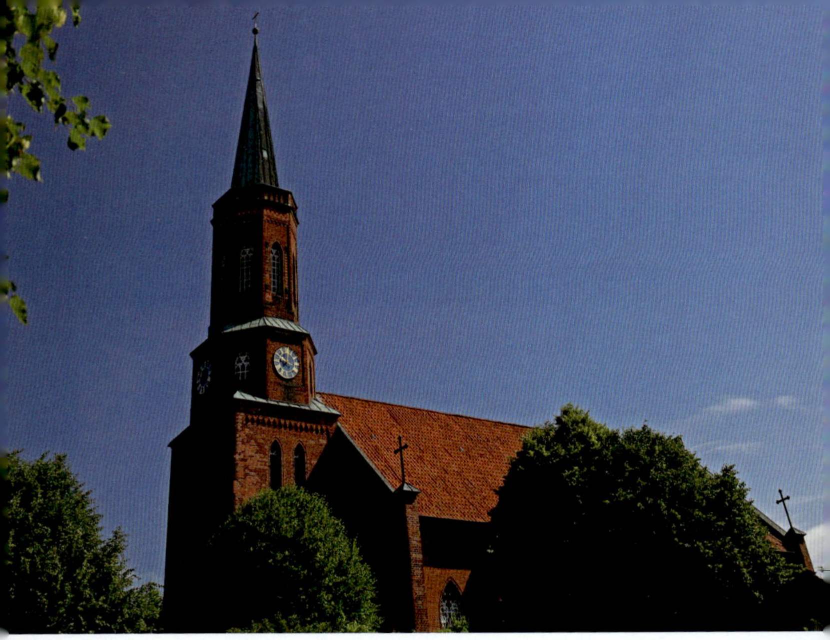

Die Kirche St. Bartholomäus in Clenze

Wer tiefer in die spannende Geschichte des Ortes eindringen will, sollte einen Blick in das Heimatmuseum Blaues Haus werfen.

⌘ Museum Blaues Haus Clenze, Kapellenstr. 7, 29459 Clenze, ☏ 058 44/554, info@museum-clenze.de, www.museum-clenze.de. Vor dem Hintergrund der Corona-Pandemie war das Museum 2021 geschlossen, die Öffnungszeiten für 2022 standen bei Drucklegung des Buches noch nicht fest.

Sie starten in der Langen Straße am Fußweg zur Kirche St. Bartholomäus und gehen entlang der Hauptstraße Richtung Norden. An der nach rechts abknickenden Vorfahrt gehen Sie weiter geradeaus in die Korviner Straße. 500 m weiter verlassen Sie die Straße nach rechts und gehen aufwärts, bis Sie nach knapp 600 m hinter dem letzten Haus an eine Kreuzung gelangen. Hier biegen Sie links auf einen unbefestigten Feldweg ab, der Sie in einen Wald hineinführt. Der Weg durch den Wald bringt Sie wieder steil abwärts an die Korviner Straße, der Sie weiter Richtung Korvin folgen.

Nach 600 m, noch vor dem Dorf Korvin, gehen Sie rechts ab auf einen unbefestigten Feldweg, der aufwärts auf einen Wald zuführt. Oben angekommen wandern Sie am Waldrand entlang und dann wieder abwärts, bis Sie am Rand des Dorfes Seelwig, das zu Clenze gehört, an einen kleinen Rastplatz ❶ anlangen.

Der Wanderweg führt weiter geradeaus. Nach ca. 100 m erreichen Sie eine Kreuzung mit Wanderwegweiser. Sie gehen hier links Richtung Reddereitz. Eine weitere Rastmöglichkeit mit schönem Blick bietet eine Bank etwa 50 m hinter der Kreuzung. Sie wandern nun die nächsten gut 3 km durch Kiefernwald, zunächst leicht aufwärts. Gut 2 km hinter der Kreuzung haben Sie den höchsten Punkt auf einer Lichtung ❷ erreicht. Ein schöner Platz mitten im Wald, der sogar eine Bank bietet.

Sie wandern nun wieder abwärts und erreichen unmittelbar vor den ersten Häusern von Reddereitz eine Asphaltstraße. Hier stoßen Sie auf den von rechts kommenden Wendlandrundweg und den E6. Sie gehen weiter geradeaus und kommen nach 250 m an den Seerosenweiher ❸, ein schönes Gewässer mit vielen der namensgebenden Pflanzen. Am Ufer stehen mehrere Bänke und bieten sich für eine Pause an. Am Teich gehen Sie links, folgen der Straße und erreichen am Hotel/Restaurant Landhaus Heidehof die K24, die Sie geradewegs überqueren.

Hotel/Restaurant Landhaus Heidehof, Reddereitz 8, 29459 Clenze, ☎ 058 44/495, heidehof-clenze@t-online.de, www.derheidehof.de, Restaurant Kutscherstuben Do 17:30-20:00, Fr-So und an Feiertagen 12:00-20:00

Hinter der Kreisstraße wandern Sie auf dem Feldweg weiter und halten sich an der nächsten Abzweigung gut 100 m weiter links. Nach etwa 500 m erreichen Sie an einer Bank und Infotafel eine Gabelung, wo Sie links Richtung Findlingspark gehen. Nur knapp 100 m weiter finden Sie rechts etwas abseits des Weges ein rekonstruiertes Grab aus der Jungsteinzeit.

Von dort sind es nur noch 400 m auf dem Waldweg, bis Sie am großen Parkplatz am Findlingspark ❹ ankommen.

Im Findlingspark erhalten Sie in einem Informationshaus und entlang eines 270 m langen, spiralförmigen Rundweges, der von verschiedenen Findlingen aus unterschiedlichen Erdzeitaltern gesäumt ist, interessante

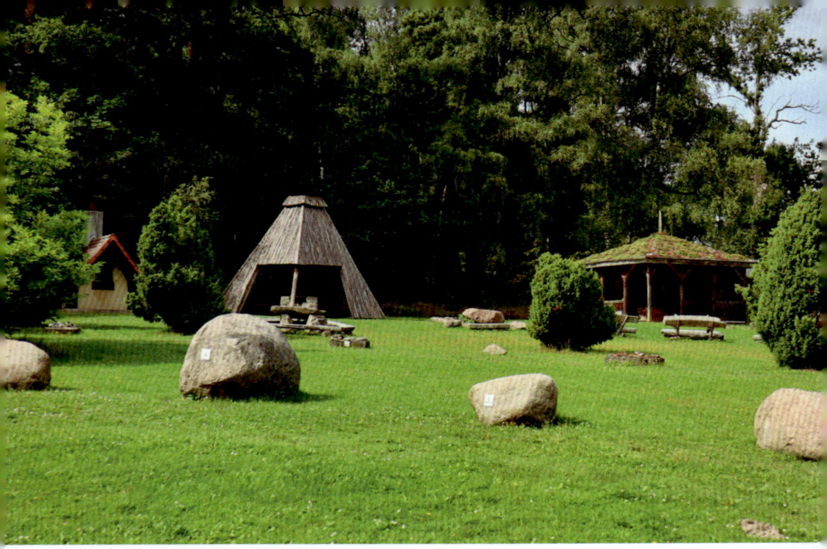

Gute Rastmöglichkeiten am Findlingspark

Informationen aus 4,5 Milliarden Jahren Erdgeschichte. Angeschlossen ist ein Natur-Spiel-Erlebnisbereich mit u. a. Baumhaus, Seilbahn, Kletterbaum sowie ein Rastplatz mit Grillmöglichkeiten. Das Schönste: Das Ganze ist umsonst sowie täglich und ganzjährig geöffnet.

An der Einfahrt zum Parkplatz gehen Sie an einem Wanderwegweiser rechts Richtung Güneitberg auf einen Forstweg. Sie verlassen den Wald, halten sich dann links und gehen an der nächsten Gabelung rechts. Der Feldweg bringt Sie nach ca. 300 m an einen Wanderwegweiser an einer Asphaltstraße.

☺↳ Hier haben Sie die Möglichkeit, die Rundtour um ca. 6 km abzukürzen. Gehen Sie dazu nach links Richtung Lefitz und weiter bis nach Bösen, dem rot markierten Weg folgend. ✋ Knapp 300 m hinter dem Ortsausgangsschild von Lefitz biegen Sie rechts von der Asphaltstraße auf einen unbefestigten Feldweg ab, knapp 100 m weiter gehen Sie links und folgen dem Weg bis nach Bösen, bis Sie etwas westlich des Zentrums an einer Kreuzung mit Bank wieder auf den Hauptweg stoßen.

Wer den ganzen Weg gehen will, wendet sich hier nach rechts Richtung Güneitberg. Nach etwa 250 m können Sie die Straße schon wieder nach links auf einen Feldweg verlassen. An einer gewässerkundlichen Messstelle für Umweltdaten vorbei gelangen Sie in den Wald. Gut 200 m hinter der Messstelle heißt es aufpassen: Folgen Sie hier dem Forstweg nach rechts bergauf. Etwa 50 Hm sind zu bewältigen.

Oben angekommen halten Sie sich an der Gabelung links. 200 m weiter erreichen Sie an einer Abzweigung einen Wanderwegweiser. Hier geht es links in 200 m auf den Güneitberg (⇧ 114 m) ❺. Ein wunderbarer Aussichtspunkt mit weitem Blick ins Tal und sehr guter Rastmöglichkeit mit Bänken, Tisch und einer Schutzhütte.

Nach der Rast gehen Sie wieder zurück zur Abzweigung und halten sich dort links. 300 m weiter endet der Weg. Sie folgen dem Wanderwegweiser nach rechts Richtung Blockhütte. Erneut 300 m weiter, unmittelbar vor einem Wald, biegen Sie nach links auf einen Feldweg ab. Sie folgen dem Weg in einen Wald hinein und nach einem relativ steilen Abstieg halten Sie sich am Ende des Weges rechts. Nach etwa 100 m erreichen Sie an einer großen Eiche eine Asphaltstraße. Eine Bank bietet eine Rastmöglichkeit und ein Wanderwegweiser weist Ihnen den Weg nach links Richtung Schnega.

Sie folgen der einspurigen Asphaltstraße bis an die Kreisstraße K23, die Sie überqueren. Dahinter gehen Sie rechts auf den Forstweg, von dem nach wenigen Metern die Zufahrt zu einem Wanderparkplatz abgeht. Bänke und Tische bieten hier eine weitere Möglichkeit für eine Rast und eine Hütte bietet Schutz bei schlechtem Wetter.

Sie folgen dem Forstweg bis zu einer Kreuzung mit einer asphaltierten Straße nach etwa 500 m. Gehen Sie hier geradeaus weiter, gelangen Sie nach 400 m an einen schönen Aussichtspunkt. Der Wanderweg führt aber nach links, kreuzt eine weitere Asphaltstraße und führt dann in den Wald zur Blockhütte ❻, einem ehemals beliebten Ausflugslokal, das heute verwaist ist und leer steht. Auch der in die Jahre gekommene Aussichtsturm, der einen besonders schönen Blick auf die hügelige Clenzer Schweiz bot, wurde 2016 gesprengt. Der Bau eines neuen scheiterte bislang an den zu hohen Kosten.

Der Wanderweg führt direkt an der Blockhütte vorbei auf einen Waldpfad, der zunächst steil bergab führt, bis Sie auf einen Forstweg treffen, den Sie nach links gehen. Bereits 150 m weiter biegen Sie rechts ab und

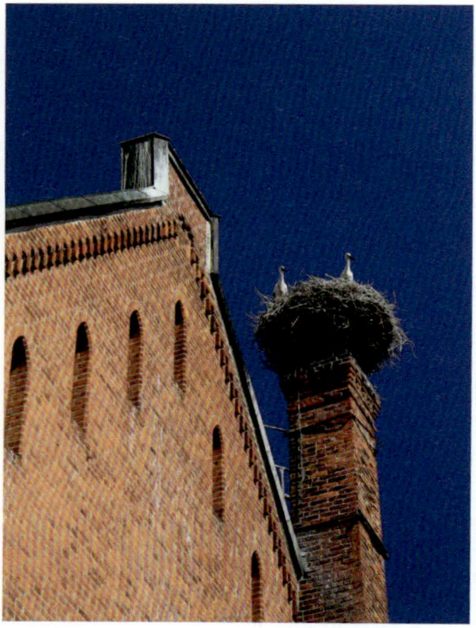

Storchennest mit Jungvögeln an der Kirche in Clenze

halten sich an der nächsten Kreuzung links, bis Sie erneut an die Kreisstraße K23 gelangen. Dort gehen Sie rechts und gleich wieder links auf den Feldweg. Rechts können Sie schon den Kirchturm von Clenze sehen.

Sie wandern bis zu einem Birkenwäldchen und biegen davor nach rechts ab. Am Waldrand entlang stoßen Sie nach gut 100 m an zwei großen Findlingen auf eine Bank, eine gute Rastmöglichkeit mit schönem Blick nach Süden über die Felder.

Sie folgen dem Weg durch den Wald, bis Sie nach etwa 450 m an eine Kopfsteinpflasterstraße gelangen. Hier gehen Sie links, bis Sie etwas westlich des Zentrums des Rundlings Bösen an einer Kreuzung mit Bank ❼ wieder einen Wanderwegweiser vorfinden.

Hier trennen sich die grün und schwarz markierten Wanderwege. Der grüne (Wendlandrundweg) zweigt links Richtung Osten ab, der Clenzer-Schweiz-Weg führt halb rechts nach Süden. Beide etwa gleichlangen Wege bringen Sie wieder an Ihren Ausgangspunkt nach Clenze. Ich bevorzuge den Wendlandrundweg, weil er durch die Mitte des Rundlingsdorfes führt.

Auf dem Clenzer-Schweiz-Weg biegen Sie noch vor dem Ortsausgangsschild nach links ab und folgen dem Weg, bis er in Clenze an der Hauptstraße endet, wo Sie nach links gehen und nach kurzer Zeit Ihren Ausgangspunkt erreichen.

Auf dem Wendlandweg gehen Sie am Ende der Straße rechts auf einer Holzbrücke über einen Graben. Dahinter biegen Sie links ab, an der nächsten Kreuzung rechts und am Ende erneut links. Sie folgen dem Feldweg, bis er in Clenze an der Hauptstraße endet. Dort wenden Sie sich nach rechts und sind nach 250 m wieder an Ihrem Ausgangspunkt.

25 Reddereitz: Findlingspark und Güneitberg

Tour für Naturliebende und Geologieinteressierte

Wenn Ihnen die Clenzer-Schweiz-Tour zu lang und anstrengend ist, Sie aber dennoch einen Eindruck von dieser Landschaft bekommen und die Besonderheiten der Region kennenlernen möchten, liegen Sie bei dieser nur knapp 9 km langen Wanderung genau richtig. Sie verläuft größtenteils durch Wald auf guten Forstwegen und vermeidet bis auf den Anstieg zum Güneitberg größere Höhenunterschiede, bietet aber mit dem einzigartigen Findlingspark und dem Güneitberg zwei Höhepunkte der Region.

Start/Ziel: Parkplatz am Findlingspark, GPS N 52°57.534' E 010°54.800'

8,6 km

2 Std. 30 Min.

150 m/150 m

45-114 m

stellenweise weißer Richtungspfeil sowie Wanderwegweiser

Der Weg verläuft hauptsächlich auf unbefestigten Feld- und Waldwegen, aber auch entlang asphaltierter Straßen.

etwas abseits des Wegs Hotel/Restaurant Landhaus Heidehof (Abzweig nach 7,7 km, dann noch 150 m), sonst keine weitere Einkehrmöglichkeit

am Start/Ziel sehr schöne Rastmöglichkeit mit Spielplatz, Schutzhütte und Grill, Rastmöglichkeit am Güneitberg (km 2,9), in Schlannau Dorfmitte (km 5,7) und am Festplatz in Schlannau (km 5,9), mehrere Bänke entlang des Weges

WC öffentliche Toiletten am Findlingspark

Wegen des Findlingsparks mit seinen Spielmöglichkeiten und der Grillplätze ist der Weg für Familien mit Kindern gut geeignet.

Für Buggys bestehen keine Schwierigkeiten auch wenn es einige steile Passagen gibt.

Für Hunde herrscht auf dem größten Teil des Weges kein genereller Leinenzwang.

P Großer, kostenloser Parkplatz am Findlingspark

Linie 8031 Clenze – Corvin – Clenze

Weitere Informationen zum Findlingspark ☞ Tour 24

Sie beginnen die Rundwanderung auf dem Parkplatz am Findlingspark. An der Einfahrt zum Parkplatz gehen Sie an einem Wanderwegweiser rechts Richtung Güneitberg auf einen Forstweg. Sie verlassen den Wald, halten sich dann links und gehen an der nächsten Gabelung rechts. Der Feldweg bringt Sie nach ca. 300 m an einen Wanderwegweiser an einer Asphaltstraße, an der Sie nach rechts Richtung Güneitberg gehen.

Nach etwa 250 m können Sie die Straße schon wieder nach links auf einen Feldweg verlassen. An einer gewässerkundlichen Messstelle für Umweltdaten vorbei gelangen Sie in den Wald. Gut 200 m hinter der Messstelle heißt es aufpassen: Folgen Sie hier dem Forstweg nach rechts bergauf. Etwa 50 Hm sind zu bewältigen.

Schutzhütte am Güneitberg

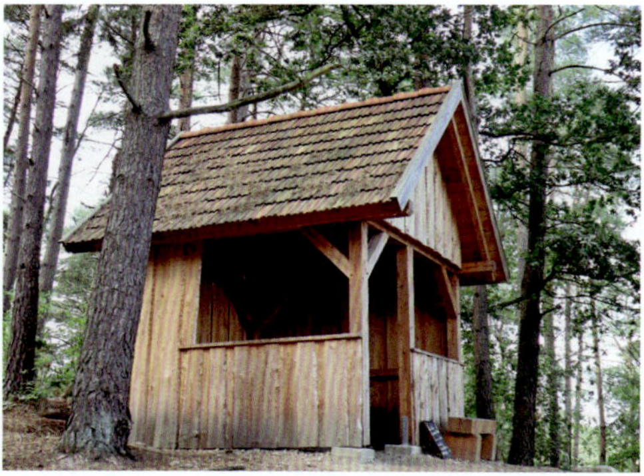

Oben angekommen halten Sie sich an der Gabelung links. 200 m weiter erreichen Sie an einer Abzweigung einen Wanderwegweiser. Hier geht es links in 200 m auf den Güneitberg (⇧ 114 m) ❶. Ein wunderbarer Aussichtspunkt mit weitem Blick ins Tal und sehr guter Rastmöglichkeit mit Bänken, Tisch und einer Schutzhütte.

Nach der Rast gehen Sie wieder zurück zur Abzweigung und halten sich dort links. 300 m weiter endet der Weg. Sie folgen dem Wanderwegweiser nach rechts Richtung Blockhütte. Nach 300 m zweigt der Clenzer-Schweiz-Weg (Wanderung 24) links ab. Sie gehen hier weiter geradeaus und wandern bis zum kleinen Dorf Quartzau. Dort gehen Sie an der nur wenig befahrenen Asphaltstraße rechts und folgen ihr 1 km, bis Sie rechts Richtung Schlannau abbiegen können.

Im Dorf Schlannau, das nur aus wenigen Häusern besteht, bietet sich in der Dorfmitte auf einer Bank unter einer Eiche eine gute Rastmöglichkeit ❷ an. Sehenswert sind die alten Fachwerkhäuser, die z. T. mit Dank-

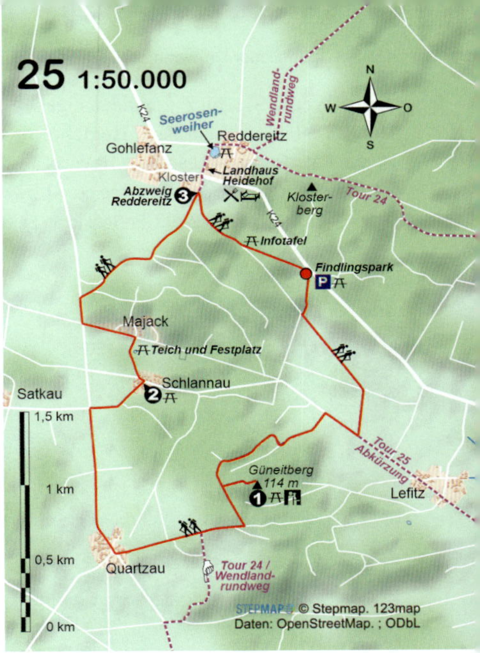

sagungen in altdeutscher Schrift beschrieben sind.

Sie gehen links weiter und verlassen gleich hinter dem letzten Haus, noch vor dem Transformatorenhäuschen, die Teerstraße nach rechts auf eine abwärtsführende Forststraße. Vorbei an einem schönen Teich und dem Festplatz des Dorfes mit einer weiteren ⩩ Rastmöglichkeit erreichen Sie erneut eine Asphaltstraße, die Sie nach links gehen. Rechts liegt die Siedlung Majak, ehemals eine Ferienhaussiedlung, in der inzwischen auch dauerhaftes Wohnen erlaubt ist.

Etwa 350 m weiter treffen Sie erneut auf die von Quartzau kommende Asphaltstraße. Sie gehen rechts, verlassen die Straße aber schon nach etwa 180 m wieder nach rechts auf einen Forstweg, den ehemaligen Milchwagenweg. Sie folgen dem unbefestigten Weg etwas mehr als 1 km und stoßen dann, etwa 100 m vor der Kreisstraße an einer Bank, an eine scharf nach rechts knickende Abzweigung ❸.

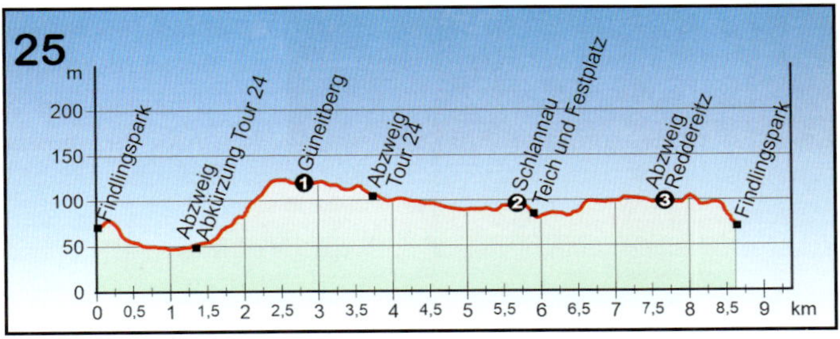

↳ Wenn Sie hier geradeaus gehen, erreichen Sie nach 150 m das Hotel/Restaurant Landhaus Heidehof.

Hotel/Restaurant Landhaus Heidehof, Reddereitz 8, 29459 Clenze, ☎ 058 44/495, heidehof-clenze@t-online.de, www.derheidehof.de, Restaurant Kutscherstuben Do 17:30-20:00, Fr-So und an Feiertagen 12:00-20:00

Rekonstruiertes Großsteingrab aus der Jungsteinzeit

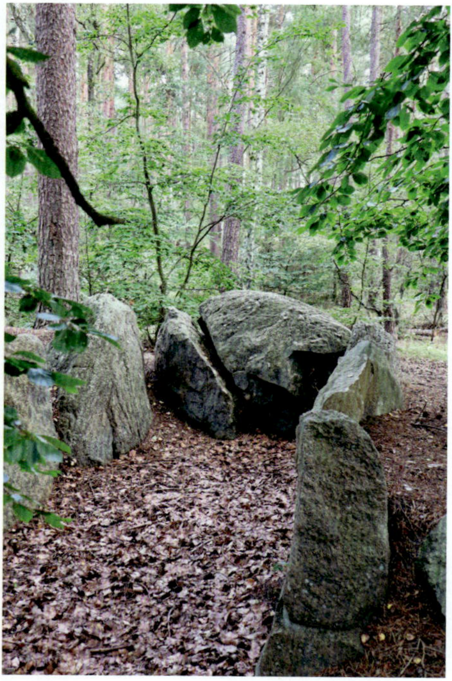

Der Wanderweg führt an der Abzweigung scharf nach rechts. Bis zum Ziel säumen nun mehrere Bänke in kürzeren Abständen den Weg. Knapp 500 m nach der Abzweigung halten Sie sich an der Gabelung mit Bank und Wanderwegweiser links. Nur knapp 100 m weiter können Sie rechts etwas abseits des Weges ein rekonstruiertes Grab aus der Jungsteinzeit bestaunen. Eine Informationstafel versorgt Sie mit Wissenswertem.

Von dort sind es nur noch 400 m auf dem Waldweg, bis Sie wieder an Ihrem Ausgangspunkt am Parkplatz am Findlingspark ankommen.

Vorschlag für die Streckenwanderung Wendlandrundweg

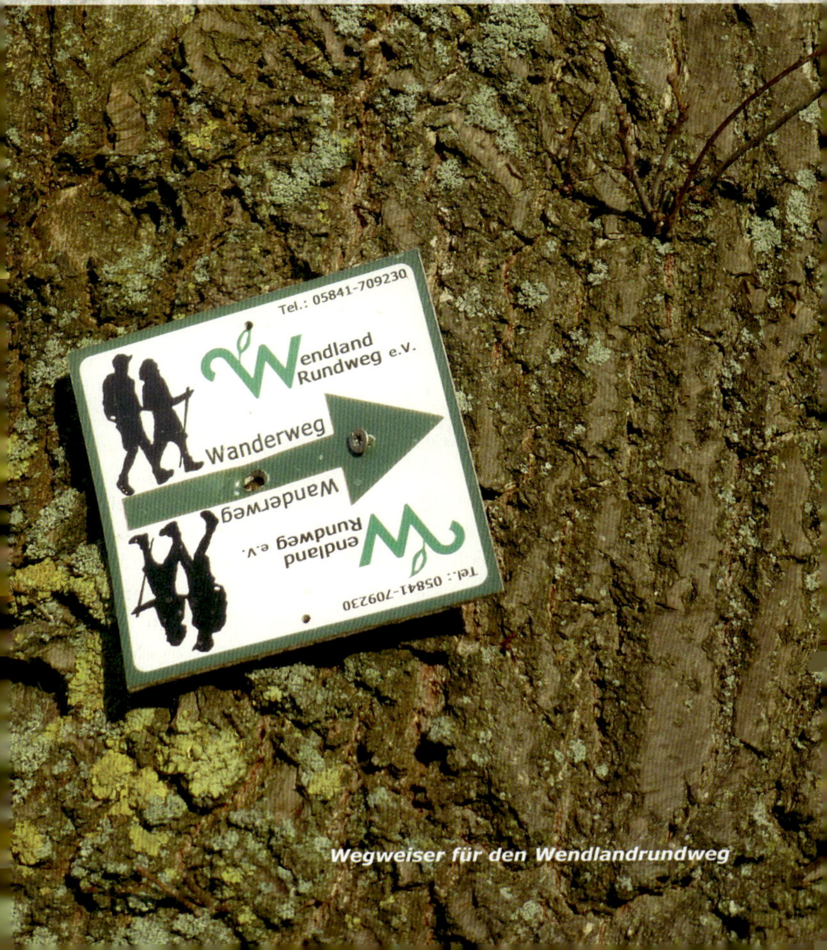

Wegweiser für den Wendlandrundweg

Wer sich im Wendland auf eine mehrtägige Streckenwanderung begeben will, findet auch hierzu Möglichkeiten. Sehr beliebt als Fernwanderweg ist der etwa 185 km lange Wendlandrundweg, eine Kombination aus dem Wendland-Querweg, Drawehn-Höhenweg und Elbhöhenweg.

Aus Platzgründen kann der Weg hier nur grob skizziert werden. GPS-Dateien mit dem genauen Wegverlauf stehen aber auch für diesen Weg zum Herunterladen bereit.

i Informationen erhalten Sie auch auf den Internetseiten des Fördervereins Wendlandrundweg unter 💻 https://wendland-elbe.de/de/wendlandrundweg/.

Die Etappeneinteilung bleibt jedem selbst überlassen. Die hier vorgeschlagene Unterteilung in 12 Etappen dient nur als Anregung, wird aber von vielen so durchgeführt, weil Sie hier an jedem Etappenende eine Übernachtungsmöglichkeit finden. In der Übersicht sind Rundwanderungen aus dem Buch angeführt, die in Abschnitten entlang der jeweiligen Etappe des Wendlandrundweges verlaufen.

Etappe 1: 15 km von Hitzacker nach Wietzetze

☞ *Wanderungen 6 und 7*

Die Etappe verläuft zunächst mit einigen stellenweise steilen An- und Abstiegen durch alten Buchen- und Eichenwald entlang des bis zu 70 m hohen Geesthangs im nördlichen Drawehn, der sogenannten Klötzie. Auf diesem Abschnitt finden Sie einige herausragende Aussichtspunkte wie den Weinberg bei Hitzacker, den Klötzie-Aussichtsturm, den Aussichtspunkt am Osterberg kurz vor Tiessau und natürlich den Aussichtsturm am Kniepenberg, der viel besucht wird, weil er auch einfach mit dem Pkw erreicht werden kann.

Nächstes Highlight ist Drethem, ein kleines, sehenswertes Dorf mit einer schönen Backsteinkirche aus dem 18. Jahrhundert. Hinter Drethem verlässt der Wendlandrundweg die Elbe und folgt nun dem Höhenzug des Drawehn. Über die Bahrendorfer Höhen erreichen Sie durch die freie Feldmark das Etappenziel Wietzetze, das mit der kleinen Fachwerkkirche aus dem frühen 18. Jahrhundert mitten im Dorf punkten kann.

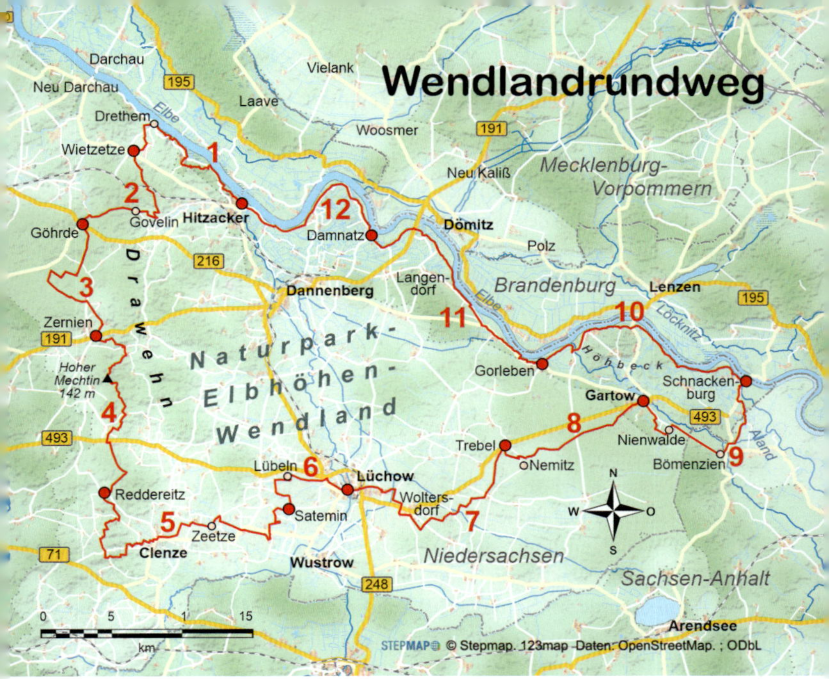

Etappe 2: 12 km von Wietzetze nach Göhrde

☞ *Wanderung 8*

Die zweite Etappe verläuft fast ausschließlich auf guten Forstwegen über hügeliges Gelände durch Laub- und Nadelwald des Staatsforsts Göhrde. Sie passieren im ersten Teil ein Großsteingrab aus der Steinzeit, überqueren dann die Gleise der Wendlandbahn und gelangen schließlich an die in Form und Farbgebung einmalige Schutzhütte am Lilienpfad. Von hier folgen Sie dem Lilienpfad bis zum kleinen Dorf Govelin. Besonders zur Blütezeit der seltenen Feldlilien im Juni/Juli ist dieser Abschnitt eine wirkliche Attraktion.

Hinter Govelin überqueren Sie einen kleinen Hügelkamm und steigen dahinter in das Tal des Kateminer Mühlbachs ab, den Sie an einem kleinen, idyllischen Teich erreichen. Von dort ist es nur noch ein kurzer Weg nach Göhrde zum Etappenziel, wo auf Sie das Waldmuseum Naturum wartet.

Etappe 3: 14 km von Göhrde nach Zernien

☞ *Wanderungen 9 und 10*

Auch die dritte Etappe führt fast ausschließlich in leicht hügeligem Gelände auf Forstwegen durch den Staatsforst Göhrde. Kurz nach dem Start können Sie etwas abseits des Weges die Wiekauer Kuhle erreichen, einen schönen Rastplatz an einem idyllischen Teich. Absoluter Höhepunkt der Etappe ist die Wanderung durch den Breeser Grund, ein lang gestrecktes Tal mit Heide und vereinzelten Traubeneichen und den bizarren Resten umgestürzter Bäume. Kurz vor dem Etappenziel in Zernien wandern Sie mitten durch einen Golfplatz.

Etappe 4: 18 km von Zernien nach Reddereitz

Die vierte Etappe führt Sie in den Hohen Drawehn. Auch sie verläuft über weite Strecken auf Forstwegen durch Laub- und Nadelwald. Höhepunkt dieser Etappe ist der Hohe Mechtin, mit 142 m die absolut höchste Erhebung im Wendland und einer der markantesten Punkte in der Norddeutschen Tiefebene. Der Aussichtsturm neben der halboffenen Schutzhütte auf dem Gipfel wurde im Sommer 2015 fertiggestellt. Mit 30 m Höhe ragt er weit über die Baumwipfel und bietet einen einmaligen Blick in die Landschaft des Drawehn. Am Etappenziel in Reddereitz finden Sie einen idyllischen, mit Seerosen bestandenen Weiher.

Etappe 5: 21 km von Reddereitz nach Satemin

☞ *Wanderungen 21, 24 und 25*

Diese Etappe verläuft zunächst durch Wald bis zum Findlingspark, einem parkähnlichen Gelände, wo Sie zahlreiche Findlinge aus unterschiedlichen Erdzeitaltern sehen und interessante Informationen aus 4,5 Milliarden Jahren Erdgeschichte sammeln können. Danach verlassen Sie den Wald und gelangen in die offene Feldflur. Hier verlassen Sie auch den Höhenzug des Drawehn. In Clenze, dem ältesten urkundlich erwähnten Ort des Wendlands, haben Sie die Möglichkeit, in mehreren Geschäften Ihre Vorräte wieder aufzufüllen.

Hinter Clenze gelangen Sie in das Reich der Rundlingsdörfer, einer besonderen Siedlungsweise, die nur in einem schmalen Band von der Ostsee bis zum Riesengebirge vorkommt. Ziel ist Satemin, eines der schönsten noch erhaltenen Runddörfer.

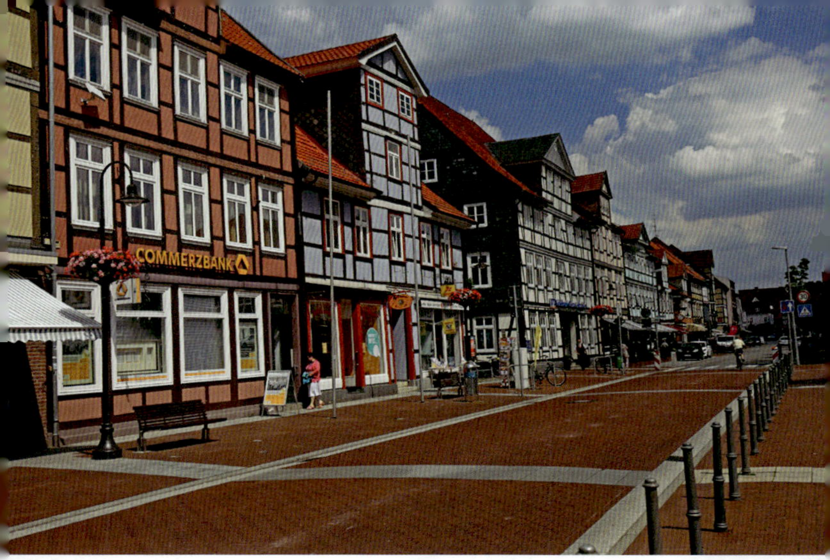

Straßenzug in Lüchow

Etappe 6: 9,2 km von Satemin nach Lüchow

☞ *Wanderung 21*

Die sechste Etappe bringt Sie über Wiesen und Felder von Satemin nach Lüchow mit einem Zwischenstopp in Lübeln, dem Vorzeigerundling mit dem Freilandmuseum Wendlandhof Lübeln. In Lüchow, mit knapp 10.000 Einwohnerinnen und Einwohnern eine der größeren Städte des Wendlands, finden Sie eine sehenswerte Altstadt mit zahlreichen schönen Fachwerkhäusern, das imposante Alte Rathaus mit dem Ratskeller, den Amtsturm und vieles mehr. Zahlreiche Übernachtungsmöglichkeiten, Restaurants, Cafés und Geschäfte warten auf Sie.

Etappe 7: 18,1 km von Lüchow nach Trebel

Hinter Lüchow verlassen Sie das Reich der Rundlinge. Die Etappe verläuft ebenfalls durch offene Feldflur und mehrere kleine Ortschaften bis nach Trebel, ein kleines Dorf mit einer sehenswerten Kirche und einem riesigen, dreieckigen Marktplatz. Besonders beliebt nicht nur bei Wanderinnen und Wanderern sind die Trebeler Bauernstuben, die mit regionalen Speisen für das leibliche Wohl sorgen.

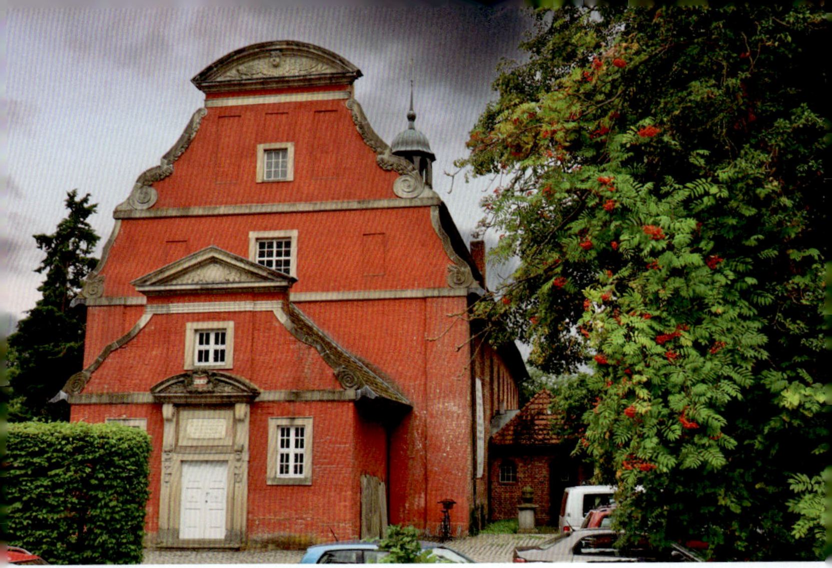

Die Gartower Kirche St. Georg

Etappe 8: 11,9 km von Trebel nach Gartow

☞ *Wanderung 19*

Die flache achte Etappe führt zunächst zum Nemitzer Heidehaus, in dem in einer Ausstellung über Entstehung und Leben in der Nemitzer Heide berichtet wird. Von dort verläuft der Wendlandrundweg auf sandigen Wegen mitten durch die Nemitzer Heide und anschließend auf Forstwegen durch den Gartower Forst, einen ausgedehnten Nadelwald, bis nach Gartow. Der Ort, ein kleines touristisches Zentrum, liegt am gleichnamigen See, auf dem Sie alle erdenklichen Wassersportarten betreiben können.

Etappe 9: 15,2 km von Gartow nach Schnackenburg

☞ *Wanderung 18*

Auch die neunte Etappe verläuft ohne nennenswerte Steigungen meist durch offene Feldflur. Von Gartow wandern Sie zunächst nach Nienwalde, ein kleines Dorf unmittelbar an der ehemaligen innerdeutschen Grenze. Hier können Sie einen kurzen Abstecher zum Klaus-Bahlsen-Turm machen, einem hölzernen Turm, von dem aus Sie mit etwas Glück Seeadler beobachten können.

Hinter Nienwalde passieren Sie die ehemalige deutsch-deutsche Grenze und gelangen nach Sachsen-Anhalt. Über Bömenzien kommen Sie in das Quellgebiet der Seege und in die Auenlandschaft am Aland. Sie passieren die Grenzgedenkstätte Stresow und erreichen an einem hölzernen Aussichtsturm den Deich des Alands. Von dort wandern Sie auf der Deichkrone bis nach Schnackenburg, eine kleine ehemalige Schifferstadt direkt an der Elbe.

Etappe 10: 19,3 km von Schnackenburg nach Gorleben

☞ *Wanderungen 12,13 und 14*

Nach den letzten flachen Etappen bietet diese Etappe mehrere teils steile Anstiege. Aber zunächst wandern Sie von Schnackenburg auf dem Deich immer in Nähe der Elbe elbabwärts. Sie passieren das Elbholz, Heimat zahlreicher Vogelarten wie z. B. Kranich. Dahinter gelangen Sie, immer noch auf dem Deich, in die Qualmwasserbereiche der Pevestorfer Wiesen mit ihrer reichen Amphibienfauna, an deren Ende Sie steil hinauf auf den Höhbeck, eine eiszeitlichen Geestinsel, steigen. Oben angekommen können Sie, wenn die Puste reicht, noch den hölzernen Aussichtsturm erklimmen, von dem Sie einen unvergleichlichen Rundumblick haben.

Vor dem Castellum Hohbuoki warten kampfbereite Krieger

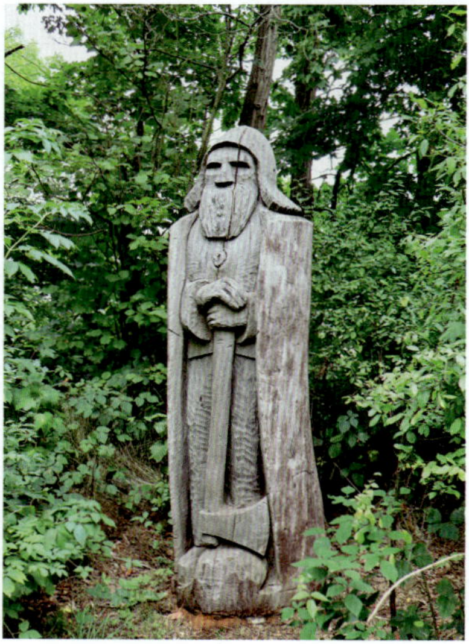

Sie folgen weiter dem Pfad, der stellenweise steil auf- und abwärts führt, passieren das Castellum Hohbuoki, ein fränkisches Militärlager aus der Zeit Karls des Großen, und gelangen nach Vietze, ein kleiner Ort mit großer Schifffahrtstradition.

Von hier verläuft der Weg ohne Steigungen weiter bis Gorleben, der wohl bekannteste Ort

im Wendland, der durch das Atommüllzwischenlager sowie das Erkundungsbergwerk für ein Endlager und die damit verbundenen Proteste immer wieder für Aufmerksamkeit in ganz Deutschland sorgt.

Etappe 11: 18,8 km von Gorleben nach Damnatz

☞ *Wanderung 11*

Die elfte Etappe bietet bis auf einen kurzen, aber steilen Abstieg auf einer Treppe hinunter ins Elbtal keine weiteren Steigungen, wenn man von dem hölzernen Aussichtsturm zwischen Grippel und Langendorf absieht, dessen Besteigung aber äußerst lohnend ist, hat man von ihm bei klarer Sicht doch einen wunderbaren Fernblick.

Ortsausgang von Schnackenburg

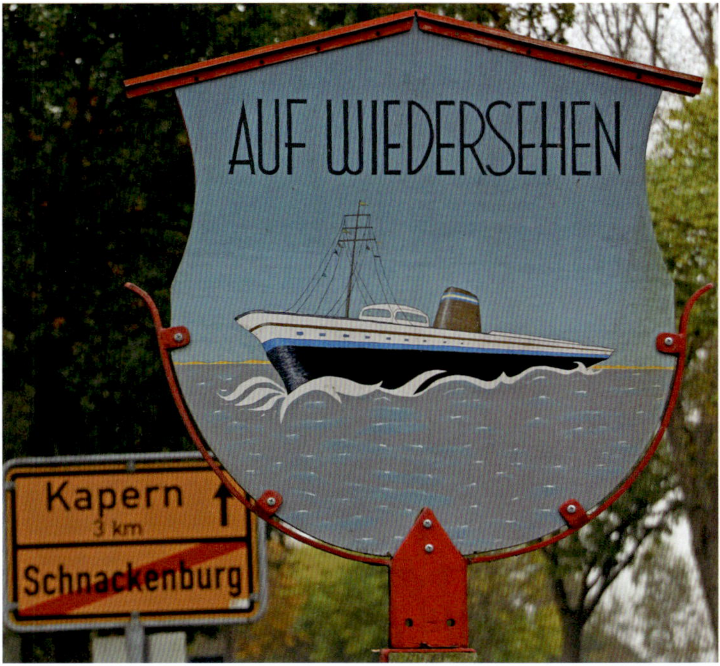

Buchtipps aus dem Conrad Stein Verlag

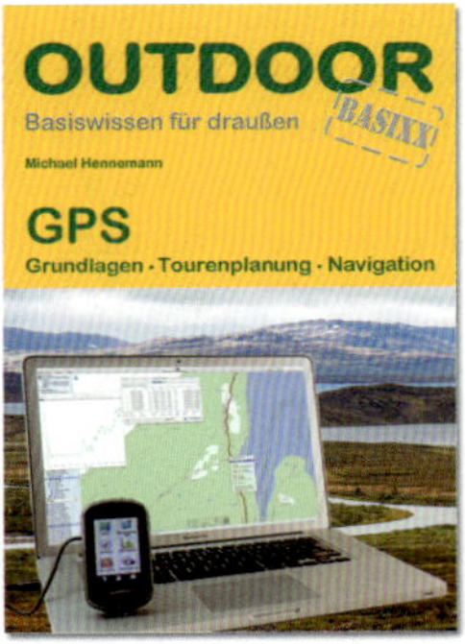

GPS
Grundlagen · Tourenplanung · Navigation

Michael Hennemann
OutdoorHandbuch Band 375
Basiswissen für draußen
160 Seiten ▸ 277 farbige Abbildungen

ISBN 978-3-86686-495-5

>> **Wienerland**: *„Ein topaktuelles Handbuch, das kompetent GPS-Anfänger wie Fortgeschrittene informiert.“*

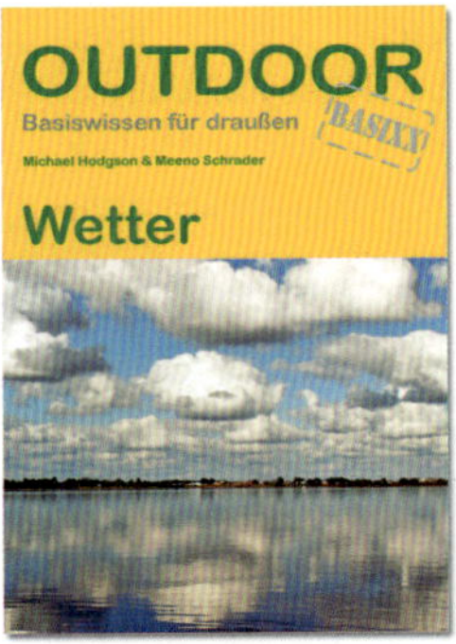

Wetter

Meeno Schrader & Michael Hodgson
OutdoorHandbuch Band 13
Basiswissen für draußen
96 Seiten ▸ 36 farbige Abbildungen
21 Illustrationen

ISBN 978-3-86686-013-1

>> **Nordis:** *„Ein handliches Büchlein auch für unterwegs!“*

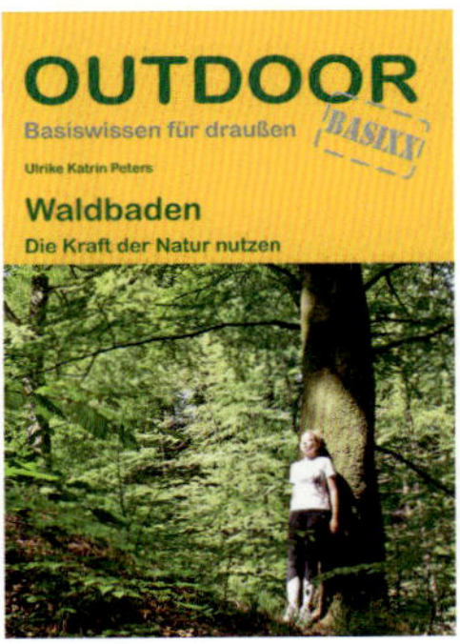

Waldbaden

Ulrike Katrin Peters
OutdoorHandbuch Band 470
Basiswissen für draußen
128 Seiten ▸ 62 farbige Abbildungen

ISBN 978-3-86686-681-2

>> **Besprechungsdienst für öffentliche Bibliotheken:** *„Dieses OutdoorHandbuch aus der Reihe ‚Basiswissen für draußen‘ richtet sich an Einsteiger und Fortgeschrittene. Es verbindet gut ausgewählte Hintergrundinfos mit zahlreichen Tipps, Übungen und Rezepten.“*

Hinter Langendorf wandern Sie wieder durch ausgedehnte Qualmwasserbereiche und bis zum Ziel ausschließlich auf oder neben dem Deich. Sie passieren die alte Dömitzer Eisenbahnbrücke, eine sehenswerte, heute funktionslose Eisenkonstruktion, die an die Zeit des Kalten Krieges erinnern soll. Etwas weiter bildet die neue Autobrücke über die Elbe nach Dömitz einen schönen Kontrast. Von dort ist es nicht mehr weit über Kamerun bis zum Ziel nach Damnatz, wo Sie mehrere Übernachtungsmöglichkeiten und mit dem Hotel/Restaurant Steinhagen auch eine sehr gute Einkehrmöglichkeit finden.

Etappe 12: 14,3 km von Damnatz nach Hitzacker
Die letzte Etappe verläuft zum größten Teil wieder auf dem Elbdeich oft parallel zur Elbuferstraße und bietet keinerlei Steigungen, es sei denn, Sie zählen die Deichauf- und -abstiege mit. Bei Wussegel erreichen Sie die Elbterrassen, ein beliebtes Ausflugslokal direkt an der Elbe. Höhepunkt dieser Etappe ist aber Hitzacker mit der schönen, auf einer Insel liegenden Altstadt, dem für Norddeutschland ungewöhnlichen Weinberg, vielfältigen gastronomischen Möglichkeiten und den zahlreichen kulturellen Angeboten.